马克思主义中国化专题研究

赵付科 著

中央编译出版社
Central Compilation & Translation Press

图书在版编目（CIP）数据

马克思主义中国化专题研究 / 赵付科著. —北京：中央编译出版社，2019.12
ISBN 978-7-5117-3760-1

Ⅰ.①马… Ⅱ.①赵… Ⅲ.①马克思主义-发展-研究-中国 Ⅳ.①D61

中国版本图书馆 CIP 数据核字（2019）第 274564 号

马克思主义中国化专题研究

出 版 人：葛海彦
出版统筹：贾宇琰
责任编辑：谭　伟
责任印制：刘　慧
出版发行：中央编译出版社
地　　址：北京西城区车公庄大街乙 5 号鸿儒大厦 B 座（100044）
电　　话：(010) 52612345（总编室）　　(010) 52612339（编辑室）
　　　　　(010) 52612316（发行部）　　(010) 52612346（馆配部）
传　　真：(010) 66515838
经　　销：全国新华书店
印　　刷：北京中兴印刷有限公司
开　　本：710 毫米 × 1000 毫米　1/16
字　　数：172 千字
印　　张：13.75
版　　次：2019 年 12 月第 1 版
印　　次：2019 年 12 月第 1 次印刷
定　　价：75.00 元

网　　址：www.cctphome.com　　邮　箱：cctp@cctphome.com
新浪微博：@中央编译出版社　　微　信：中央编译出版社(ID: cctphome)
淘宝店铺：中央编译出版社直销店(http://shop108367160.taobao.com)
　　　　　(010) 55626985

本社常年法律顾问：北京市吴栾赵阎律师事务所律师　闫军　梁勤
凡有印装质量问题，本社负责调换，电话：(010) 55626985

目 录

专题一 中共报刊与马克思主义中国化 …………………………… 1
 中共早期报刊视域下马克思主义的传播路径及启示 ………… 3
 中共早期报刊与马克思主义中国化 …………………………… 20
 民主革命时期的中共报刊对巴黎公社的宣传 ………………… 39
 延安《解放日报》与毛泽东思想的研究宣传 ………………… 52

专题二 中共纪念活动与马克思主义中国化 ……………………… 65
 中国共产党的纪念活动与马克思主义中国化 ………………… 67
 中共早期纪念活动与马克思主义中国化 ……………………… 78
 中国共产党的纪念活动与毛泽东思想 ………………………… 95

专题三 执政条件下党的建设理论与实践 ………………………… 109
 全面增强执政本领：逻辑理路、内容思路与现实进路 ……… 111
 新中国成立初期中国共产党巩固新生政权的历史经验 ……… 124
 新中国成立以来党的基本路线的历史演进及启示 …………… 138
 十八大以来党的建设质量不断提高的基本经验 ……………… 153

专题四 马克思主义中国化研究述评 …………… 167
 关于"马克思主义中国化研究"学科的研究 …………… 169
 关于马克思主义在中国早期传播史的研究 …………… 193

后 记 …………… 212

专题一
中共报刊与马克思主义中国化

中共早期报刊视域下马克思主义的传播路径及启示

【内容提要】 十月革命后，马克思主义在中国得到广泛传播。中共早期报刊在其中发挥了重要作用。中共早期报刊通过出版专号特刊对马克思主义进行了集中传播，各报刊在相互配合中对马克思主义进行了组合传播，在与读者的交流沟通中对马克思主义进行了互动传播，针对不同读者群体对马克思主义进行了分众传播，在与各种非马克思主义思潮的斗争进行了批判传播。从中共早期报刊的视域，疏厘马克思主义的传播路径，对于推动当代中国马克思主义大众化具有重要借鉴意义。

中国共产党在早期创办了许多报刊。这些报刊为马克思主义在中国的早期传播作出了突出贡献。从中共早期报刊的视域，疏厘马克思主义的传播路径，对于推动当代中国马克思主义大众化具有重要借鉴意义。

一、出版专号特刊进行集中传播

集中传播是在一定时间及报道空间内，短期集中反复地反映某一事物的方法，这种传播能够集中人们的视线，使整个报道突出、醒目。① 专号特刊是集中传播的重要方式。中共早期报刊在传播马克思主义的过程中，非常重视对这一传播方式的运用，成功策划了若干专号特刊，有力地推动了马克思主义在中国的传播。

（一）译载马克思主义经典著作

马克思主义经典著作是马克思主义的载体。中共早期报刊专号特刊推动了马克思主义经典著作的传播。李大钊在《新青年》第6卷第5号"马克思主义研究号"发表的《我的马克思主义观》一文中直接援引了《哲学的贫困》、《〈政治经济学批判〉序言》和《共产党宣言》中的重要段落，其中《哲学的贫困》和《〈政治经济学批判〉序言》中的两段译文是第一次见诸于中文。"这在当时马克思的原著很少被译成中文的情况下是非常需要的"②。《政治生活》第76期"红色五月特刊"，发表了李大钊翻译的马克思的《中国革命和欧洲革命》，标题是《马克思的中国民族革命观》。"这是马克思恩格斯撰写关于中国问题的二十多篇文章中的第一篇中译文。"③《新青年》"国民革命号"集中发表了5篇列宁有关民族殖民地问题的文章：《民族与殖民地问题》《中国战争》《革命后的中国》《亚洲的醒悟》《落后的欧洲与先进的亚洲》。《新青年》"列宁号"又译载了列宁的3篇文章：《专政问题的历史观》《第三国际及其在历史上的位置》和《社会主义国际的地位与责任》。"据不完全统计，从中国共产党成立到第一次国内革命战争结束，北京、上海、广州、武汉等地18家报刊发表列宁著作中译文文献28篇④，而《新青年》

---

① 谢明香：《出版传媒视角下的〈新青年〉》，巴蜀书社2010年版，第92页。
② 《马克思恩格斯著作在中国的传播》，人民出版社1983年版，第250页。
③ 《马克思恩格斯著作在中国的传播》，人民出版社1983年版，第270页。
④ 陈有进：《列宁著作在中国90年》，载《中共云南省委党校学报》，2007年第5期。

的"国民革命号"、"列宁号"这两个专号发表的列宁著作就达8篇，专号在集中传播马克思主义方面发挥的作用可见一斑。

(二) 阐释马克思主义理论

李大钊在《我的马克思主义观》一文中，对马克思主义学说进行了系统的介绍和评价，明确将马克思主义看成是"世界改造原动的学说"，把马克思社会主义的理论分为历史论、经济论和政策论三部分。"这三部理论，都有不可分的关系，而阶级竞争学说恰如一条金线，把这三大原理从根本上联络起来。"① 1925年5月出版的《中国青年》"五月第一周特刊"，刊载任弼时撰写的《马克思主义概略》一文。文章通俗而系统地阐述了马克思主义的由来、唯物辩证法和阶级斗争学说，并将辩证法唯物论看成是马克思主义最根本的基础和总的宇宙观和方法论，使人们对马克思主义体系的理解更加全面。列宁主义是帝国主义时代的马克思主义。《向导》第99期"列宁逝世一周年纪念特刊"明确指出：列宁主义是消灭帝国主义的唯一武器，我们只有站在列宁主义的旗帜之下，实行列宁主义，才能与全世界的工农阶级联合起来去消灭世界帝国主义。列宁主义又是发展了的马克思主义。《新青年》"列宁号"发表瞿秋白的《列宁主义概论》一文，指出："列宁主义之中有许多成分是马克思主义中原来所没有的，或者虽有却很不详尽，远未发展的"，"列宁主义是应用于俄国客观情形之马克思主义"。瞿秋白高度评价了列宁"应运马克思主义实行十月革命，成立世界上第一个社会主义国家"的伟大贡献，又说，"应用马克思主义于世界范围内的实际的阶级斗争"并获得"如此的成功"，这是"列宁的特点"②。

---

① 李大钊：《我的马克思主义观》，载《新青年》，第6卷第5号。
② 瞿秋白：《列宁主义概论》，载《新青年》，第1期。

(三) 介绍国际无产阶级革命运动的经验

《新青年》季刊第 1 期便是"共产国际号",该专号不仅译载了共产国际四大的有关文件,还重点发表了瞿秋白所写的介绍共产国际的党纲和策略问题、介绍第一国际到共产国际的简要发展史的几篇长文。第 4 期"国民革命号"又译载了《第三国际第二次大会关于民族与殖民地问题的议案》。"世界革命号"发表了陈独秀的《世界革命与中国民族解放运动》、瞿秋白的《世界的及中国的赤化与反赤之斗争》和《世界职工运动之现状与共产党之职任》,还重点介绍了苏联、英国、法国、摩洛哥等地无产阶级革命运动。《中国青年》第 52 期"苏俄革命纪念特刊",发表了恽代英的《苏俄革命与世界革命》和《苏俄与中国革命运动》两篇文章。文章指出,苏俄是世界无产阶级革命的领导者,同时也需要世界各落后国家革命运动的支持,以壮大世界无产阶级革命的队伍,对付共同的敌人,以求革命的持久与最终胜利。在谈到苏俄革命成功的原因时,文章认为苏俄革命的成功在于有一个"像铁般坚固的共产党"以及"成千成万为自己利益而拥护革命党的农工群众"。中国革命之所以经过 13 年的努力后仍不曾有"一点好的成绩",正是在于缺少这样一个"强固的大党"。借此驳斥了国民党内一批反对改组国民党为革命党的旧党员,号召广大青年像苏联革命家一样努力,造一个坚固的革命党。①

二、各报刊相互配合进行组合传播

媒介为达到更好的传播效果,常通过与其他刊物的配合形成一

---

① 李良明、钟德涛:《恽代英年谱》,华中师范大学出版社 2006 年版,第 258—259 页。

种合力。① 中共早期报刊作为一个整体，在传播马克思主义过程中相互配合，相互补充，从而构建起强大立体的宣传话语体系。

（一）各报刊功能定位明确，各具特色

中国共产党成立后，各报刊按照中央的统一部署，依据当时宣传斗争的客观实际，分别明确了各自的功能定位。《向导》周报作为中共中央的政治机关报，是"国内外时事的批评宣传机关"，主要通过对国内外重大事件的报道和评论，详细地阐明"本党政策"。《新青年》季刊是"学理的马克思主义的研究宣传机关"，②《新青年》月刊则要"根据马克思列宁主义的见地运用到理论和实际方面，作成有系统的多方面问题的解释"③。《新青年》季刊和月刊作为党的理论刊物，突出了理论宣传的特点，全面地宣传马克思列宁主义理论。《前锋》月刊是"中国及世界的政治经济的研究宣传机关"，它主要侧重于对中国革命及世界政治经济中的一些专门问题进行系统的分析研究，以详细的统计数字和实际资料为依据，阐述自己的观点。《中国青年》周刊则是"一般青年运动的机关"④。中共早期各报刊的功能定位清晰明确，各报刊根据自身特点刊发不同类型的宣传马克思主义和党的方针政策的文章，从而产生了强大的合力，有力地推动了马克思主义在中国的早期传播。

（二）各报刊之间互作广告，相得益彰

为了宣传早期报刊，扩大发行，从而更好地传播马克思主义，

---

① 谢明香：《出版传媒视角下的〈新青年〉》，巴蜀书社2010年版，第92页。
② 《中国共产党新闻工作文件汇编》上，新华出版社1980年版，第7页。
③ 《中国共产党新闻工作文件汇编》上，新华出版社1980年版，第20页。
④ 《中国共产党新闻工作文件汇编》上，新华出版社1980年版，第7页。

中共早期报刊之间常常互相宣传、介绍，互作广告。《新青年》曾刊登过《广东群报》《共产党》《向导》《前锋》《中国工人》《中国青年》《政治生活》等中共早期报刊的广告。这些广告大多有力而醒目，如《新青年》不定期刊第5期以整个封底作为《向导》周报的广告，称《向导》是"中国革命理论和策略的向导！全国最激进的刊物！"① 为了增强传播效果，《新青年》从第9卷第1号起，连续刊登《共产党》月刊最新一期的要目；从第9卷第2号起，又连续刊登《广东群报》广告。《向导》创刊后也曾给《工人周刊》、《中国工人》、《前锋》、《新青年》、《中国青年》等中共早期报刊作广告，其中所刊登的《新青年》广告大都附有最新一期的目次。各报刊还通过刊登文章的方式对其它报刊进行宣传。《中国青年》曾发表萧楚女的文章评价《政治生活》，称："这是一种很有价值的供给青年人以政治经济及时局知识的刊物。"② 中共早期报刊之间通过互作广告，相互鼓动，相得益彰，不仅促进了各报刊的传播，而且"为先进的中国青年、知识分子、有一定文化的工农等提供了丰富的马克思主义学说信息，使他们可以就地取材，通过自身的学习和努力，实现思想的进步，投身于社会改造的革命运动。"③

（三）各报刊在重大的理论和现实问题的宣传上，互相声援

在中国共产党创建时期，《共产党》和《新青年》互相配合，协同作战，以宣传马克思列宁主义为己任，对当时流行的伪社会主义、第二国际修正主义，尤其是无政府主义思潮进行了无情的揭露和批判，为中国共产党的成立作了思想上和理论上的准备。为了宣

---

① 《向导周报》广告，载《新青年》，第5期。
② 萧楚女：《新刊批评》，载《中国青年》，第32期。
③ 徐信华、徐方平：《论中共早期报刊的书报广告与马克思主义大众化》，载《党史研究与教学》，2010年第6期。

传党的民主革命纲领,《向导》《新青年》季刊、《前锋》等报刊分工协作,形成了一股强大的宣传阵势。《向导》从第64期起设有"外患日志"一栏,揭露帝国主义侵略中国的罪行,并与帝国主义在华的"新闻侵略"作坚决的斗争。《新青年》季刊第4期出版"国民革命号",对反帝反封建的民主革命纲领作了集中宣传。《前锋》则运用大量调查材料和统计数字,剖析美、英、日等帝国主义国家从政治、军事、经济、文化诸方面对中国的侵略,揭露封建军阀政府的独裁专制统治。党的三大制定了建立统一战线的策略方针。中共早期报刊对这一策略方针进行了广泛宣传。《向导》从创刊到1924年1月国民党改组成功,共发表宣传建立统一战线的文章约50多篇。《前锋》则发表《中国国民革命与社会各阶级》、《中国农民问题》、《中国之资产阶级的发展》、《中国国民革命运动之过去及将来》等文章,通过对中国社会各阶级的分析,论证建立统一战线的必要性和可行性,既有理论深度,又有现实说服力。"从总体上看,在特定时期内,中共中央统一协调各类报刊,在重大的理论和现实问题上互相声援,形成强大的、立体的宣传阵势,这使得党的政策策略深入群众,获得社会大众认同,在推动马克思主义大众化的同时,促进了中国革命的发展。"①

三、在与读者交流沟通中进行互动传播

媒体与受众之间良好的交流沟通,容易达成编者与受众之间的对话与信任,从而使媒体能够真正赢得受众,扩大媒体的传播效果。② 中共早期报刊非常注重与读者的思想交流和沟通,在编读的互

---

① 陶德麟、何萍:《马克思主义哲学中国化的理论与历史研究》,北京师范大学出版社2011年版,第200页。
② 谢明香:《出版传媒视角下的〈新青年〉》,巴蜀书社2010年版,第65页。

动中推动了马克思主义的传播。

（一）深入实际调查，了解工农疾苦和要求

中共早期报刊的编著者非常注重与劳动阶级的结合，他们经常深入工厂、农村进行社会调查，了解工农的疾苦，做工农大众的朋友、喉舌。1920年5月1日出版的《新青年》"劳动节纪念号"，以大量篇幅刊登各地工人劳动情况的调查报告，指出了中下层民众生计艰难，生活困苦的现状，在全国引起了很大轰动。恽代英主编《中国青年》，多次组织学生"到民间去"，使报刊宣传的内容能真切反应民众呼声，适合民众的需要，引导民众为自己的利益而奋斗。他总结经验，强调要注意接近群众说："果真为革命工作，便应钻到群众中间去，去与群众融洽接近起来，探知群众的生活、习惯、心理及要求。……群众才能相信我们，而且我们才能有把握的宣传群众。"[①] 蔡和森也利用一切机会，向接触到工农群众询问各方面的情况，然后把从各方面了解到的情况，用马克思主义的认识论加以分析综合，上升为理性认识，再以通俗的语言编写成文章。读者对这样的文章感到亲切，认为文章说出了他们想说而没有说出来的话，表述了他们感觉到但没有认识到的真理。所以，人们把发表这样文章的《向导》当成自己的"喉舌"，把这种文章的作者，当成自己的"代言人"。[②]

（二）设置相关栏目，进行编读交流和互动

中共早期报刊非常重视与读者的交流与互动。《劳动界》刊登启事，欢迎工人投稿，专门设有"读者投稿"、"通信"等栏目，刊

[①] 郑保卫：《中国共产党新闻思想史》，福建人民出版社2004年版，第39页。
[②] 方克：《中共中央党刊史稿》，红旗出版社1999年版，第72—73页。

登工人撰写的报告和文章,"这在中国报刊史上是一种破天荒的举措"①。《向导》多次以"本报启示"的名义,鼓励广大读者参与《向导》所拟诸多问题的讨论,还专门设置"读者之声"栏目,以沟通编者与读者的关系。该栏目5年中刊出读者信稿120多件,一般均附有记者答复或附言,及时反映读者呼声、建议和要求。《向导》十分注意通过读者反馈的意见,不断改进自身工作,提高传播效果。《中国青年》的"通信"栏目,是恽代英与编辑部联系广大青年的纽带和桥梁,也是该刊最具特色的栏目之一。据不完全统计,《中国青年》刊登读者来信来稿仅由恽代英回复或写跋语的就有40余篇。经过通信讨论,在恽代英的具体指导帮助下,一批又一批的青年走上了革命的道路,成为坚定的马克思主义者。"在大革命前后的青年学生们,凡是稍微有些进步思想的,不知道恽代英,没有受过他的影响的人,可以说没有。"② 这些栏目的设置为编者与读者提供了思想交流的平台,一方面使得读者能够更好地理解编者所要传达的马克思主义基本理论;另一方面也为编者提供了丰富的实践素材,对读者的具体需求有了清晰的了解,促使中共早期报刊刊登的文章更有针对性、更符合读者需求。③

(三) 借助读者力量,推动报刊生存和发展

由于出版发行经费紧张以及反动势力的阻挠,中共早期报刊发行工作受到很大影响,这在一定程度上削弱了中共早期报刊的社会影响和马克思主义的传播效果。为此,中共早期报刊探索出了一条借助读者力量推动报刊生存和发展的路子。《向导》第15期《敬告

---

① 钱承军:《建国前中国共产党报刊研究》,中国文联出版社2009年版,第12页。
② 田子渝等:《恽代英传记》,湖北人民出版社1984年版,第79页。
③ 徐信华:《中共早期报刊对马克思主义大众化的推进》,载《党的文献》,2012年第1期。

本报读者》实事求是地说明了《向导》经费困难的情况，呼吁读者赞助该报。该呼吁得到了海内外读者的纷纷响应。在广大读者的大力支持下，《向导》的发行量不断攀升，社会影响也不断扩大。《中国青年》发动广大读者帮助推销，鼓动他们"找着每一个可能的机会来宣传介绍《中国青年》，使青年们明白本刊的宗旨和内容，使他们看出本刊与青年的关系"①，号召读者帮忙，使《中国青年》深入到更广大的青年群众中去。经过不懈努力，《中国青年》发行量迅速上升。1926年初，其销数是一万份以上。1927年初，它的发行量达到四万份。②随着发行量的不断攀升，中共早期报刊的社会影响不断扩大，从而推动了马克思主义在中国的早期传播，使"思想界起了很大的变化"③。

四、针对不同读者群体进行分众传播

正如马克思所说，"我们的阐述自然要取决于阐述的对象"④。针对不同的读者群体，中共早期报刊在传播内容、语言风格以及价格定位等方面体现出分众传播的思路和特点。

（一）根据不同读者群体的需要，传播内容各有侧重

分众传播要根据受众需求的差异性细分目标受众。《共产党》的目标受众是具有初步共产主义觉悟的知识分子。根据其建立工人阶级政党的需要，《共产党》着重宣传了共产党的知识，介绍了俄国共产党的经验以及列宁的建党学说，报道了世界各国共产党建立

---

① 《读者的责任》，载《中国青年》，第100期。
② 王晓岚：《中国共产党报刊发行史》，中国社会科学出版社2009年版，第57页。
③ 《蔡和森的十二篇文章》，人民出版社1980年版，第33页。
④ 《马克思恩格斯文集》第1卷，人民出版社2009年版，第253页。

的消息以及工人阶级斗争的情况,批判了第二国际修正主义思潮。五四运动后,工人阶级作为一支独立的政治力量登上历史舞台,"晓得他们应该晓得的事情"① 成为工人阶级的需求。《劳动界》《劳动者》《劳动音》等工人报刊,重点向工人群众介绍劳动创造世界、劳动创造价值、劳资对立、工人阶级的历史使命等,歌颂劳工神圣,分析广大工人受剥削的根源,号召工人组织起来进行革命。《中国青年》则贴近青年、贴近现实、贴近革命,将马克思主义基本理论与青年学生面临的具体实际结合起来,用马克思主义理论来解释实践中的问题、指导革命实践工作。针对不同读者群体的需要,中共早期报刊刊登的文章有所侧重,提高了马克思主义传播的实效性。

(二)根据不同读者群体的理论水平,语言风格有所差异

由于读者群体的理论水平和文化素质各异,他们对马克思主义的接受层次和接受能力各不相同。因此,在传播马克思主义的过程中,中共早期报刊的语言风格也有所差异。作为"党的理论刊物"的《新青年》,由于它的读者群体的理论水平和文化素质都比较高,因而它所刊发的文章,大都具有浓厚的理论色彩,重视学理性阐释和理论论证的严整性,而且篇幅也比较长。《劳动界》、《劳动音》、《劳动者》等工人报刊,用朴素的语言、生动的事例,深入浅出地向工人介绍劳动创造价值和资本家剥削剩余价值等马克思主义基本原理。文章简短精悍,符合工人阶级的文化水准,颇受工人欢迎,被工人誉为自己的"喉舌"和"明星"。

(三)根据不同读者群体的收入状况,价格定位切合实际

中共早期报刊在马克思主义传播过程中所体现出的分众传播的

---

① 汉俊:《为什么要印这个报?》,载《劳动界》,第1期。

思路和特点，还表现在报刊的价格定位上。中共理论性刊物的读者对象主要是经济上稍微宽裕的知识分子，所以它的文章篇幅稍长，刊物的价格也稍贵。如《共产党》每册零售一角，《新青年》每册零售三角（后降至两角），《前锋》每册零售二角。而给工人阅读的报纸则充分照顾到工人微薄的工资收入，一般都比较便宜，如《工人周刊》初为四开一张，后改为八开单张，每期零售铜元一枚；《上海工人》每周出版一次，每期也是铜元一枚；《中国工人》则是32开本的月刊，每册定价铜元四枚。[①] 合理的价格定位，扩大了报刊的发行量，从而促进了马克思主义的传播。

五、在与各种非马克思主义思潮的斗争中进行批判传播

列宁指出：马克思主义"这一学说在其生命的途程中每走一步都得经过战斗"[②]。马克思主义在中国的早期传播过程，也是马克思主义与形形色色的非马克思主义甚至是反马克思主义思潮进行斗争的过程。在这一过程中，中共早期报刊坚持"破"与"立"结合，在批判各种错误思潮中，有力地推动了马克思主义在中国的传播。

（一）建党前后发生的三次论争

五四运动后，随着新文化运动的深入发展和马克思主义的广泛传播，新文化运动的阵营逐渐发生分化，出现了要不要马克思主义、以什么主义改造中国社会的激烈论争。这在建党前后集中表现在问题与主义、改良主义与马克思主义、无政府主义与马克思主义的三

---

① 王晓岚：《中国共产党报刊发行史》，中国社会科学出版社2009年版，第7页。
② 《列宁选集》第2卷，人民出版社1995年版，第1页。

次论争。为了反击胡适对马克思主义的进攻,《新青年》发表《由经济上解释中国近代思想变动的原因》等文章批判了胡适的观点。针对张东荪、梁启超等人鼓吹中国产业贫乏不具备实行社会主义革命的资格,当务之急是发展实业走资本主义的道路的言论,《新青年》、《共产党》、《先驱》、《广东群报》等中共早期报刊发表文章予以驳斥,指出,中国经济的落后并不足以阻止中国实行社会主义革命,革命之爆发乃是必然的趋势。要改变中国贫穷落后的状态,"非废除资本主义生产制采用社会主义生产制不可"①。而实现中国社会的改造只能是采取无产阶级革命的手段来完成,不能采用社会改良的政策,"惟有革命,社会主义才能达到"②。1920年9月,陈独秀在《新青年》发表《谈政治》一文,首先对无政府主义展开批评,拉开了马克思主义者批判无政府主义的序幕。《新青年》第9卷第4号又以《讨论无政府主义》为题辟专栏,刊登了陈独秀与无政府主义者区声白往来信函6件。1920年11月,《共产党》月刊出版,更是成为批判无政府主义的主阵地。建党前后发生的三次论争,是马克思主义传播过程中的第一次交锋,对推动马克思主义在中国的早期传播意义重大。它使进步青年在论辩过程中初步感受到马克思主义这一理论的科学性和真理性,认清了科学社会主义与各种非马克思主义的本质区别,认识到只有科学社会主义才能达到救国救民和从根本上改造中国社会的目标,对他们最终确立了马克思主义信仰,转变为马克思主义者起了重要作用。

(二) 对国家主义派的批判

中国国家主义派原是五四时期"少年中国学会"中的右翼分子,

---

① 《陈独秀文章选编》上册,生活·读书·新知三联书店1984年版,第87页。
② 新凯:《再论共产主义与基尔特社会主义》,载《新青年》,第9卷第6号。

其代表人物是曾琦、李璜等。1923年底，他们在巴黎建立中国青年党，标榜国家主义和全民政治，反对马克思主义，破坏国共合作。1924年10月，国家主义派在上海创办《醒狮》周报，为其反共喉舌，并在国内发起"醒狮"运动，鼓吹"民族优胜论"，大力向国人宣传极端民族主义观念。中国共产党人以《赤光》《中国青年》《向导》《新青年》等报刊作为阵地，对国家主义的反动理论和实践进行了深刻批判。《赤光》第3期发表署名为伍豪（周恩来笔名）的文章，揭露了国家主义派用狭隘民族主义对抗无产阶级国际主义的阴谋。恽代英在《中国青年》发表系列文章，揭露了国家主义派的"反共""反苏"的真面目，并通过列举大量的事实，说明中国劳资阶级的严重对立，阐明阶级斗争的客观存在，进而论证了在中国实行无产阶级专政的必要性。《向导》的"寸铁"一栏，刊载短小精悍、尖锐泼辣的小文章，对国家主义派进行深刻揭露，可谓一针见血。《新青年》发表陈独秀的文章，国家主义的实质进行了深刻揭露。中国共产党运用报刊对国家主义派的深刻批判，使其在广大青年中终于陷于空前的孤立而归于失败，同时也极大地推动了马克思主义国家理论和阶级斗争学说的传播。

（三）对戴季陶主义的批判

1925年六七月间，戴季陶先后发表《孙文主义之哲学基础》、《国民革命与中国共产党》等小册子，完全抽去了孙中山学说中的一切革命的东西，向马克思主义和中国共产党发动了猖狂的进攻。他反对马克思主义的阶级斗争学说和唯物史观，反对国共合作，极力鼓吹在组织上建立一个"纯粹的"国民党。戴季陶主义抛出以后，中国共产党人以《向导》《中国青年》等报刊为阵地立即对之进行了有力的揭露和批判。《向导》129、130期连载陈独秀《给戴季陶的一封信》，对戴季陶的错误观点进行批驳，对阶级斗争的极端重要性以及阶级斗争与国民革命的关系等进行了深刻阐述。《中国青年》也先后发表了《读〈孙文主义之哲学基础〉》《民族革命中的共产党》《国民党与阶级斗争》等文章，对戴季陶主义进行了批判。中共早期报刊对戴季陶主义的批判，一方面大大缩小了戴季陶主义这种反动思想的恶劣影响，另一方面也捍卫和坚持了马克思主义的阶级斗争学说和唯物史观，促进了其在中国的传播。

六、几点启示

中共早期报刊对马克思主义的集中传播、组合传播、互动传播、批判传播和分众传播，对推进当代中国马克思主义大众化具有重要的借鉴意义。

（一）要重视大众传播媒介的选择和优化组合

中共早期报刊是马克思主义在中国早期传播的主要媒介，也是马克思主义赖以大众化的主要渠道。中共早期报刊的出版发行推动了马克思主义在中国的广泛传播，推动了中国革命运动的发展。当今社会是全媒时代，大众传播媒介已经渗透到社会生活的方方面面，发挥着越来越重要的作用。"使用与满足"理论认为，"受众总是倾向于主动选择自己所感兴趣的和所需要的媒介以满足自己的需要。因此，根据受众的需要选择适当的媒介开展马克思主义的传播，显得更为重要。同时，为了实现传播效果的最大化，还要把广播电视与网络媒体、报刊杂志与通俗读物、印刷传媒与数字传媒等多种传播媒介进行优化组合，努力打造一个全方位、广覆盖的大众化的传播体系。"[①]

---

① 于艳艳：《恩格斯著作在中国早期传播的历史考察》，载《当代世界与社会主义》，2012 年第 6 期。

（二）群众路线是推进马克思主义大众化的根本方法

中共早期报刊在传播马克思主义的过程中，非常重视受众的需求，所载文章紧紧扣住读者的心弦，受到读者的欢迎。由于紧紧依靠群众办报，从而使报刊宣传的内容广为受众接受，收到良好的宣传效果。可以说，走群众路线是推进马克思主义大众化的根本方法。面对新的形势，大力推进当代中国马克思主义大众化，就必须准确把握贴近群众、切近生活、贴近实际的原则，把深邃的理论用平实质朴的语言讲清楚，把深刻的道理用群众乐于接受的方式说明白，使抽象的理论逻辑转化为形象的生活逻辑，让科学理论从书斋走进人民大众、融入人们心灵。在推进当代中国马克思主义大众化的过程中，还要坚持把理论宣传教育同回答广大人民群众关心的热点、难点问题结合起来，使人民群众不仅能够"听得懂"还能够"听得进"。只有这样，才能普及和推广马克思主义理论，使其得到人民群众的普遍认可，真正打牢马克思主义大众化的社会基础。

（三）必须坚决地反对和抵制各种错误思潮

马克思主义在中国的传播并不是一帆风顺的，而是受到各种思潮的抵制和攻击。中共早期报刊在与各种反马克思主义思潮的斗争，推动了马克思主义在中国的传播。错误思潮尽管观点、主张各异，却在根本之点上有着共同与相通之处，都极大地影响着人民群众对于马克思主义的接受与信仰。"正确的东西总是在同错误的东西作斗争的过程中发展起来的。真的、善的、美的东西总是在同假的、恶的、丑的东西相比较而存在，相斗争而发展的"[①]。推进当代中国马

---

① 《毛泽东文集》第七卷，人民出版社1999年版，第230页。

克思主义大众化，就必须坚决反对和抵制各种错误思潮，在斗争中充分展示马克思主义真理的光芒。

（四）马克思主义大众化不能搞"一刀切"

受众是决定传播活动成败的关键。针对不同的受众群体，中共早期报刊采取了分众传播的思路，大大提高了马克思主义传播的实效性。推进当代中国马克思主义的大众化，也必须高度关注受众群体的差异性，贯彻层次性的原则，而不能采用单一的内容、划一的方式方法去进行。为此，首先要对受众进行深入研究；认真分析各个阶层、各类人群的思想实际和利益要求，这是推进当代中国马克思主义大众化的前提。"做宣传工作的人，对于自己的宣传对象没有调查，没有研究，没有分析，乱讲一顿，是万万不行的。"[①] 在此基础上，要依据受众群体思想政治理论状况的层次特点，以满足不同群体的差异性需要为突破口，选择恰当的马克思主义理论内容和宣传教育模式，有针对性地推进马克思主义大众化。

---

① 《毛泽东选集》第三卷，人民出版社1991年版，第837页。

中共早期报刊与马克思主义中国化

【内容提要】中共早期报刊对马克思主义中国化作出了重要贡献：通过广泛传播马克思主义，为马克思主义中国化提供了理论准备；通过与各种非马克思主义思潮的论战，为马克思主义中国化提供了强大动力；通过对中国革命的马克思主义阐释，为马克思主义中国化提供了理论成果；以陈独秀、李大钊、李达、蔡和森、瞿秋白、恽代英、毛泽东、邓中夏、萧楚女等为代表的中共早期报刊编撰群体，为马克思主义中国化提供了主体力量。深入探究中共早期报刊所作贡献，对于在新时期不断推进马克思主义中国化、巩固马克思主义在意识形态领域的指导地位具有重要意义。

中国共产党在早期创办了许多报刊，既有《共产党》《新青年》《向导》等中央机关报刊，又有《政治生活》《广东群报》等地方党组织创办的报刊，还有《赤光》《少年》《中国工人》《中国青年》等群众团体创办的报刊。这些报刊对推动早期马克思主义中国化的历史进程作出了重要贡献。深入探究中共早期报刊的这一贡献，对于在新时期不断推进马克思主义中国化、巩固马克思主义在意识形态领域的指导地位具有重要意义。

一、中共早期报刊与马克思主义中国化的理论准备

马克思主义在中国的传播是马克思主义中国化的理论前提。中共早期报刊通过宣传马克思主义经典作家的生平业绩、译载马克思主义经典著作、阐释马克思主义基本理论，为马克思主义在中国的广泛传播作出了重要贡献，从而为马克思主义中国化提供了理论准备。

（一）宣传马克思主义经典作家的生平业绩

马克思主义经典作家是马克思主义的创立者。中共早期报刊非常重视对马克思主义经典作家的宣传，主要体现在以下两个方面：一是对马克思主义经典作家生平的宣传。1919年5月，《新青年》第6卷第5号出版"马克思主义研究号"，首篇文章为顾兆熊所撰的《马克思学说》。该文的第一部分"传记"，简要介绍了马克思从事革命以及研究学问的人生经历。①《中国青年》第16期出版"列宁特号"，刊发邓中夏撰写的《列宁年谱》，该年谱详细记录了列宁从出生到逝世54年短暂而伟大的一生。中共早期报刊运用这种具体、生动和通俗的传播形式，将马克思主义发展史与经典作家战斗的一生紧密联系在一起，使国人加深了对马克思主义的形成发展史和马克思主义主要内容的了解。二是对马克思主义经典作家卓越贡献的宣传。《新青年》所刊发的文章把马克思称为"社会主义经济学的鼻祖"② "近世科学的社会主义之始祖"③。《向导》第90期刊发的《十月革命与列宁主义》把列宁称之为"十月革命的著作者"。《中

---

① 《新青年》第6卷，中国书店2011年版，第383页。
② 《新青年》第6卷，中国书店2011年版，第457页。
③ 《新青年》第10卷，中国书店2011年版，第363页。

国青年》"列宁特号"对列宁给予了高度评价，称他不仅是俄国民众的英雄，还是"一个革命家的好模范"①，号召广大青年向列宁学习。中共早期报刊对经典作家的评价，客观上反映了早期中国共产党人对马克思主义的认识水平。

（二）译载马克思主义经典著作

经典作家的著作是马克思主义的主要载体。中共早期报刊大量译载了马克思主义经典著作，推动了马克思主义在中国的传播，也为国人学习和研究马克思主义提供了基础文本。《新青年》作为党的理论刊物，在这方面的贡献最为突出。1921年8月出版的《新青年》第9卷第4号，发表了施存统撰写的《马克思的共产主义》，该文"序论"和"革命的过渡期"部分节译了《共产党宣言》的两段文字；"共产主义的半熟期"部分又节译了《哥达纲领批判》的四段文字，约1200余字；该文还多处引译了《法兰西内战》以及《社会主义从空想到科学的发展》的语句。《新青年》译载的列宁著作更多。在列宁逝世前，共译载了《民族自决》（第8卷第3号）、《过渡时代的经济》（第8卷第4号）、《无产阶级政治》（第9卷第2号）和《俄罗斯革命之五年》（季刊第1号）四篇著作。列宁逝世后，借助对列宁的悼念，《新青年》的"列宁号"和"国民革命号"共集中译载了列宁的8篇著作。② 除了整篇翻译列宁著作外，《新青年》不定期刊发表的部分文章还节译或引译了列宁的相关著作。主要有：《国家与革命》《怎么办?》《帝国主义论》《宁肯少些，但要好些》《共产主义运动中的"左"派幼稚病》《论粮食税》《论策略

---

① 《恽代英文集》上卷，人民出版社1984年版，第441页。
② 赵付科、季正聚：《中共早期报刊视域下马克思主义的传播路径及启示》，载《社会主义研究》，2013年第2期。

书》等。可见,列宁的重要著作,已通过《新青年》这一大众传媒全文或部分的展现在国人面前。此外,青年团旅欧支部机关刊物《少年》第 10 号和第 13 号也发表了马克思的《政治冷淡主义》和恩格斯的《论权威》两篇著作的全译文。中共北方区委机关报《政治生活》也发表了马克思恩格斯的两篇著作,一篇是摘译了马克思恩格斯《中央委员会告共产主义者同盟书》(第 14 期),一篇是《马克思的中国民族革命观》(第 76 期)。中共早期报刊对马克思主义经典著作的译载,有以下几个特点:一是译载形式多样,既有引译、节译、摘译还有全译。二是《新青年》译载的著作最多,这与《新青年》作为中共理论机关报的角色相符。三是就范围而言,既有国内的报刊《新青年》、《政治生活》等,又有巴黎的《少年》。四是就报刊性质而言,既有中共中央理论机关报,又有中共地方区委机关报,还有青年团的报刊。

(三) 阐释马克思主义基本问题

第一,对马克思主义来源的阐释。《中国青年》第 77、78 期合刊发表任弼时撰写的《马克思主义概略》一文指出:马克思主义的产生并不是凭马克思一个人的主观臆造,而是"根据英国的经济、法国的革命及德国的哲学而产生的"。马克思将这三种元素汇合起来再经过精细的"分析剖解",① 最终形成了马克思主义。很明显,马克思主义并非无源之水、无本之木,而是继承和发展了人类既有的文明成果。第二,对马克思主义发展史的阐释。《新青年》不定期刊第 3 号发表布哈林著、郑超麟译的《马克思主义者的列宁》,对马克思主义发展史作了初步考察。文章认为,马克思主义发展历史经

---

① 弼时:《马克思主义概略》,载《中国青年》第 77—78 期,1925 年 5 月 2 日。

历了三阶段：一是马克思的马克思主义，二是第二国际的"马克思主义"，三是列宁的马克思主义。这三个阶段与工人运动史的三大段落相适应。该文特别指出：第二国际的"马克思主义"，"绝不是马克思恩格斯的马克思主义的面貌"[①]，而是已经修正和歪曲了的马克思主义，是非马克思主义。《马克思主义概略》一文还特别强调，马克思主义与列宁主义两者间并无本质区别，不过是两时代的产物而已。但列宁主义又不是对马克思主义的简单重复，而是将马克思主义按着新的环境更进一层扩充其范围。第三，对马克思主义基本内容的阐释。从整体上阐释马克思主义的基本内容，是中共早期报刊传播马克思主义的一大特点。李大钊、李达、蔡和森、陈独秀、任弼时等先后撰文，对马克思主义的理论体系进行了概括。虽然他们的表述不尽相同，但大致将马克思主义的主要内容概括为唯物史观、剩余价值、无产阶级专政等三部分。任弼时在《中国青年》第63、64期合刊发表的文章中，又从"无产阶级专政""农民问题""民族问题""革命的策略"等四个方面简要地阐述了列宁主义的主要内容，使广大青年更加全面深入地了解了列宁和列宁主义，使他们逐步摆脱了"梦醒之后无路可走"的境地，进而投入到革命洪流中去。第四，对马克思主义性质的阐释。早期马克思主义者已经对马克思主义的"科学性"有了比较准确地认识，从而划清了与空想社会主义的区别。施存统在《新青年》第9卷第4号发表《马克思底共产主义》，借用河上肇的话说明了马克思以前的社会主义都是空想的社会主义，自从马克思诞生以后，"社会主义才具备了科学的体系，划了一个新纪元"[②]。在此基础上，陈独秀在《新青年》第9卷第6号又对马克思主义为什么是"科学的社会主义"进行了较为深

---

① 《新青年》第11卷，中国书店2011年版，第282页。
② 《新青年》第9卷，中国书店2011年版，第376页。

入地分析。

二、中共早期报刊与马克思主义中国化的强大动力

马克思主义的发展史并不是一条坦途，每前进一步都需要同各种错误思潮战斗。以中共早期报刊作为主要阵地，中国早期马克思主义者在传播马克思主义的过程中，同各种非马克思主义思潮开展了一系列论战。这些论战帮助早期中国先进知识分子最终确立了马克思主义信仰，推动了马克思主义在中国的传播，同时促进了中国马克思主义者沿着理论与实际相结合的正确道路前进，为马克思主义中国化提供了强大动力。

（一）帮助中国先进知识分子最终确立了马克思主义的信仰

五四时期，各种社会主义的思潮纷至沓来、竞相登场，正如瞿秋白所说："社会主义的讨论，常常引起我们无限的兴味。然而究竟如俄国十九世纪四十年代的青年思想似的，模糊影响，隔着纱窗看晓雾，社会主义流派、社会主义意义都是纷乱，不十分清晰的。"[①] 在早期的中国先进知识分子中，毛泽东、周恩来、恽代英、李汉俊、俞秀松、施存统等都曾受到无政府主义思潮的影响。但是，马克思主义同无政府主义、基尔特社会主义的论战，一方面吸引了这些先进知识分子的关注与参与，另一方面也为他们选择何种"主义"提供了一个比较鉴别的机会。1920年12月1日，毛泽东致信萧旭东、蔡和森说："我对于绝对的自由主义，无政府的主义以及德谟克拉西主义，依我现在的看法，都只认为于理论上说得好听，事实上是做

---

① 《瞿秋白诗文选》，人民文学出版社1982年版，第35页。

不到的。"① 经过这场交锋,早期中国先进知识分子逐步认清了科学社会主义与资产阶级改良主义、无政府主义之间的本质区别,认识到只有科学社会主义才能达到救国救民和从根本上改造中国社会的目标。这样,经过反复比较和激烈斗争之后,他们最终抛弃了资产阶级改良主义和无政府主义,毅然选择了马克思主义的信仰。正如刘少奇后来所说的:"在起初各派社会主义的思潮中,无政府主义是占优势的。马克思主义的拥护者到处都与无政府主义的拥护者争论着、斗争着。马克思主义直至在各方面克服无政府主义以后……才成为中国政治生活中的一个雄厚的力量。"②

(二) 推动了马克思主义在中国的广泛传播

相对于一般的著书立说传播思想而言,论战更容易引起人们的关注和参与。③ 在同各种非马克思主义思潮论战的过程中,中共早期报刊相互声援,合力地推动了马克思主义在中国的传播。在同张东荪、梁启超关于社会主义的论战中,陈独秀、李达、蔡和森、施存统等在《共产党》《先驱》《新青年》《广东群报》等中共早期报刊上发表了大量文章,他们运用初学的马克思主义理论,对基尔特社会主义进行了批判,指出用"温情主义"的社会政策来"矫正"资本主义的弊病,只不过是一种改良主义的幻想,要改造中国社会,必须建立共产党并开展革命。为揭露国家主义派的"反共"、"反苏"的本质,早期中国共产党人努力学习研究并运用马克思主义国家理论和阶级斗争学说,以《向导》《新青年》《中国青年》等为主要阵地,对国家主义派的反动理论和实践进行深刻批判。其中仅

---

① 《蔡和森文集》上,人民出版社 2013 年版,第 65 页。
② 刘少奇:《感想与回忆》,载《中国青年》,第 1 卷第 2 期。
③ 高正礼:《民主革命时期马克思主义中国化中的论争》,安徽师范大学出版社 2013 年版,第 70 页。

《中国青年》就发表恽代英的《评醒狮派》、郑超麟的《醒狮派的国家主义》以及刘仁静的《告国家主义的青年》等文章51篇。戴季陶主义抛出后,《向导》《中国青年》等报刊立即刊发文章对其进行了批驳,深刻阐释了阶级斗争的极端重要性以及阶级斗争与国民革命二者的关系。通过开展这一系列的论战,有力地推动了马克思主义在中国的广泛传播。

(三)促进了中国马克思主义者沿着理论与实际相结合的正确道路前进

在"问题与主义"之争中,李大钊就鲜明地指出:一个社会主义者,为使他的主义在世界上发生一些影响,必须要研究怎么可以把它的理想尽量应用于环绕着他的实境。也就是说,必须要把理论与实际相结合,实现理论的本土化。这也是马克思主义中国化这一思想原则的最初确立。陈独秀在《主义与努力》一文中,论证了马克思主义与革命实践的关系,指出:"主义制度好比行船底方向","改造社会和行船一样,定方向与努力二者缺一不可。"① 针对梁启超、张东荪等人过分拘泥于马克思主义个别词句,以此来否定马克思主义在中国的可行性谬论,施存统在《新青年》第9卷第4期发表《马克思底社会主义》一文,指出:研究一种主义,决不能"囫囵吞枣"和"食古不化",应当取出那种主义的"精髓"。在中国实行马克思主义,"只要遵守马克思主义的根本原则就是了;至于枝叶政策,是不必拘泥的。"② 这一阐发,不仅剥去了假马克思主义的外衣,同时又使真正的马克思主义者认识到要敢于走出自己的新路,而不必拘泥于所谓的"枝叶政策"。正是基于这种认识,中国的马

---

① 《陈独秀文章选编》中,生活·读书·新知三联书店1984年版,第63页。
② 《新青年》第10卷,中国书店2011年版,第384页。

克思主义者非常注重与工农群众的结合，他们经常深入工厂、农村进行社会调查，对中国国情进行了初步分析，对中国革命的基本问题作了初步阐释，有力地推动了马克思主义中国化的早期进程。

三、中共早期报刊与马克思主义中国化的理论成果

中共早期报刊对中国革命的对象与动力、性质与前途、无产阶级领导权、统一战线和武装斗争等问题进行了初步探讨；对"什么是中国革命，怎样进行中国革命"进行了初步回答，推动了马克思主义中国化的理论创新。

（一）中国革命的对象与动力问题

中共二大提出了反帝反封建的民主革命纲领。中共早期报刊对"反帝反封建"进行了较为深刻的阐释。首先，澄清了人们对"反帝反封建"的误解。针对一些人认为"打倒帝国主义便是打洋人"，《中国青年》刊发的文章指出：打倒帝国主义就是要打倒"外国资本主义的压迫"，"并不是要打倒一切外国人"，[①] 并对帝国主义的含义进行了通俗的解释。针对一些青年人认为"打倒军阀就是搞暗杀"的误解，《中国青年》发表恽代英的文章，深刻指出：单纯的暗杀无济于事，制度环境的不良是造成一切政治经济罪恶的根本原因，因此，革命家要研究的就是要"怎样改变制度环境"[②]。第二，阐释了为什么要"反帝反封建"。蔡和森在《向导》第 11 期发表的《请看外国帝国主义在中国捣些什么鬼》一文中，连用五个"你看这是捣什么鬼"，深刻揭露了帝国主义侵略中国的罪行。就为什么要

[①]《帝国主义》，载《中国青年》第 95 期。
[②]《恽代英文集》上卷，人民出版社 1984 年版，第 485 页。

打倒军阀,中共早期报刊用大量的事实揭露了军阀对内发动战争、对外卖国投降的反动本质。第三,分析了如何进行"反帝反封建"。首先要将反帝和反封建结合起来,这是中国革命运动唯一的"正轨"①。其次,要联合一切可以联合的力量。对内,要联合"一切民众的革命势力",对外,要联合"一切反帝国主义的革命势力"。②

既然中国革命的敌人是帝国主义和封建军阀,那么,应该靠谁来进行这场革命呢?《共产党》月刊第3号发表《告中国的农民》一文,该文指出:由于农民占全国人口的绝大多数,因此,无论在革命的准备还是实行时期,中国农民"都是占重要地位位置的"③。这就初步表达了农民是中国革命基本动力的思想。邓中夏在《中国青年》上接连发表《论工人运动》、《论农民运动》、《论兵士运动》等文章,从正反两个方面较为具体深入地阐释了工人、农民和兵士所蕴含的革命力量。蔡和森在《向导》上发表文章指出:"被外资压迫而不能有多大发展的幼稚资产阶级",也是"一种重要的要素"④。这实际上指出了民族资产阶级也是革命的动力之一。在此基础上,《中国青年》第116、117期连载毛泽东的《中国社会各阶级的分析》一文,运用马克思主义的阶级分析方法,将革命的敌人与革命的朋友严格区分开来。

(二) 中国革命的性质与前途问题

中国革命的对象和任务决定了中国革命的性质。蔡和森在《向导》第23期撰文指出,中国革命运动的性质"已不是纯粹的资产阶

---

① 《蔡和森文集》上,人民出版社2013年版,第260页。
② 林根:《怎样打倒帝国主义》,载《中国青年》,第43期。
③ 《告中国的农民》,载《共产党》,第3号。
④ 《蔡和森文集》上,人民出版社2013年版,第234页。

级民主革命的问题",而是"国民革命(亦可称为民族革命)的问题"。①《前锋》第 2 期刊发陈独秀的文章,指出:国民革命是一种"特殊形式的革命","含有对内的民主革命和对外的民族革命两个意义"。②邓中夏在《中国工人》第 5 期撰文认为,中国目前革命是"一个复杂的多阶级的国民革命"③。瞿秋白在《新青年》月刊第 3 号撰文进一步指出,国民革命是"世界无产阶级革命的一部分"④。可见,在中国革命性质问题上,中共早期报刊的观点基本上是一致的,即:中国革命是特殊的半殖民地的资产阶级民主革命,这个革命包括民族革命和民主革命两项基本任务。虽然还没有明确提出新民主主义革命这一概念,但已经认识到中国革命是世界无产阶级革命的一部分。这是早期共产党人把马克思主义与中国国情相结合,作出的实事求是的分析。

中国革命的这一性质也决定了其前途将不再是资本主义。1926 年 9 月,陈独秀在《向导》第 172 期发表《我们现在为什么争斗?》一文,较为系统地阐述了革命的前途问题。他指出,国民革命成功后,建立的"必然是革命的民主的民众政权,而不是无产阶级专政",更不是资产阶级专政。在这一政权之下,"中国的资本主义当然要发展起来",但那时的资本主义,由于已受过国民革命的洗礼,"已经是民族的民主的资本主义"。陈独秀特别强调指出:我们"决不幻想不经过资本主义,而可以由半封建的社会一跳便到社会主义的社会。"⑤ 可见,陈独秀已经认识到革命成功后要有一个过渡性质的社会,这个社会在政治上将建立各革命阶级的联合专政,在经济

---

① 《蔡和森文集》上,人民出版社 2013 年版,第 284 页。
② 《陈独秀文章选编》中,生活·读书·新知三联书店 1984 年版,第 362 页。
③ 《邓中夏文集》,人民出版社 1983 年版,第 130 页。
④ 《瞿秋白文集》(政治理论编)第 3 卷,人民出版社 2013 年版,第 459 页。
⑤ 《陈独秀文章选编》下,生活·读书·新知三联书店 1984 年版,第 263—264 页。

上要发展资本主义,并以此为将来向社会主义过渡准备条件。虽然这一论述还不够深入,但在当时的历史条件下已实属难得,为我们党后来正确认识新民主主义革命的前途奠定了基础。

(三) 无产阶级领导权问题

领导权问题是中国革命的根本问题。1923年6月,《新青年》改为季刊出版,创刊号的发刊宣言明确指出:"中国的真革命,乃独有劳动阶级方能担负此等伟大使命",即使是资产阶级的革命,如果没有劳动阶级的指导,也"不能成就"[①]。这实际上已经涉及到了无产阶级领导权问题。随着国民革命的兴起,工人运动的恢复和发展,1924年11月,《中国工人》第2期发表邓中夏的《我们的力量》中指出:只有无产阶级"配作国民革命的领袖"[②]。在此基础上,1925年1月,党的四大明确提出了无产阶级领导地位的思想。

无产阶级为什么会具有这样伟大的力量呢?中共早期报刊从无产阶级自身的特点进行了回答。《向导》第101期的文章认为,无产阶级是"新生产力的代表者",是"天然的农民之同盟者",同时又是"一个不妥协的革命阶级"[③]。可以说,正是无产阶级自身具备的这些优点,才使无产阶级能够担负这一重任。但是,革命领导权并不是"天然"落在无产阶级身上的。《中国工人》第5期发表邓中夏的文章,特别指出:"政权不是从天外飞到我们工人手中的",是要靠斗争来取得,"政权我们不取,资产阶级会去取的"[④]。中共早期报刊对无产阶级如何能够取得领导权的策略也进行了初步探讨。一是与劳农群众建立联盟。《新青年》季刊第1号的文章指出:无产

[①] 《瞿秋白文集》(政治理论编)第2卷,人民出版社2013年版,第7页。
[②] 《邓中夏文集》,人民出版社1983年版,第101页。
[③] 《陈独秀文章选编》下,生活·读书·新知三联书店1984年版,第11—12页。
[④] 《邓中夏文集》,人民出版社1983年版,第130页。

阶级要取得革命的领导权，必须"联合一切劳动群众"①。二是掌握革命的武装。瞿秋白在《新青年》季刊第4号撰文指出，"中国国民革命里极端需要革命的正式军队"；同时，他特别强调革命战争如果没有"革命党的指导"②，是很难取得胜利的。这一主张可以说是"党指挥枪"的思想源头。

（四）统一战线和武装斗争问题

建立革命统一战线是马克思主义的一个基本原则。中共早期报刊从必要性、可能性以及无产阶级应坚持的策略等方面，对统一战线问题进行了较为详尽的阐释。第一，建立革命统一战线的必要性。中共早期报刊认为，当前中国社会各阶级都处在列强和军阀的"两层严酷的压迫之下"③，敌强我弱，"在目前单靠一个劳动阶级孤军作战恐难济事"④。中共早期报刊结合二七惨案和五卅运动经验教训，进一步指出"有联合战线则革命势力增大而高涨，无联合战线则革命势力削弱而衰落"⑤，因此，欲求革命成功，建立革命联合战线"殊有意义"⑥。第二，建立革命统一战线的可能性。一是国内各阶级有共同的利益。在半殖民地的中国，由于受国际帝国主义及其走狗的双重压迫，工农商学各阶级"因其民族境遇之相同，各阶级利益又不期然而然有趋于共同之一点"，因此，工农商学各阶级"必然会共同行动，成立联合战线的"⑦。二是国际帝国主义之间矛盾重重，而且其内部也存在着社会革命的因素。恽代英在《中国青年》

---

① 《新青年》第10卷，中国书店2011年版，第48页。
② 《瞿秋白文集》（政治理论编）第4卷，人民出版社2011年版，第59页。
③ 《陈独秀文章选编》中，生活·读书·新知三联书店1984年版，第370页。
④ 《邓中夏文集》，人民出版社1983年版，第32页。
⑤ 《邓中夏文集》，人民出版社1983年版，第240页。
⑥ 《恽代英文集》上卷，人民出版社1984年版，第349页。
⑦ 《邓中夏文集》，人民出版社1983年版，第241页。

第 35 期撰文指出，由于现在帝国主义国家是各怀鬼胎，因此，我们在中间就有"自由利用的余地"①，同时，各帝国主义国家内部还"埋下革命的种子"，因此，只要我们好好利用他们之间的矛盾，联络各国内部革命者，就能消耗和牵制他们。三是共产国际的存在，"使全世界共产党成了一个坚固，步伐一致的，世界革命党徒"②。第三，无产阶级应坚持的策略。中共早期报刊对民族资产阶级的两面性作了重点分析，指出在同他们结成统一战线时，对其软弱性和妥协性必须作坚决的斗争，不要忘记无产阶级自己的责任，一方面"应为民族独立的共同利益奋斗"，另一方面"应为本阶级的特殊利益奋斗"，因此，"第一要有明白的阶级意识，第二要有独立的经济组织和政治组织。"③

中国革命的显著特点是武装斗争。蔡和森、瞿秋白、恽代英、邓中夏等人，在《向导》《新青年》《中国青年》《热血日报》上发表了一系列文章，对武装斗争的重要性作了初步阐释。《向导》刊发蔡和森的系列文章，对各种错误观点进行了批驳，明确指出：中国的一切问题，"非继续革命，完全打倒军阀，解除封建阶级的武装不能解决"④，"必须用革命手段根本破坏旧军事组织"，同时，由民众武装去解除"军阀的武装"。⑤ 国共合作之初，中共把工作重心放在开展工农运动上，对革命武装不够重视。邓中夏在《中国青年》第 14 期《论兵士运动》一文中强调："在国民群众革命思潮和革命行动已到极剧烈极汹涌的时候，军事活动不特不可废，而且是重要工作之一"，并提出了"兵士运动确与其他国民运动有并行不悖之

---

① 《恽代英文集》上卷，人民出版社 1984 年版，第 555 页。
② 《恽代英文集》上卷，人民出版社 1984 年版，第 556 页。
③ 《蔡和森文集》下，人民出版社 2013 年版，第 762—763 页。
④ 《蔡和森文集》上，人民出版社 2013 年版，第 111 页。
⑤ 《蔡和森文集》上，人民出版社 2013 年版，第 257 页。

可能与必要"①的思想。恽代英也撰文强调:"革命是不能绝对脱离武力战斗的手段的。"②瞿秋白把"没有真正人民的武力"③作为五卅运动失败的教训之一。瞿秋白在其主编的《热血日报》上也多次强调:"非以流血的革命的手段"不能打倒帝国主义。为此,他提出了要建立"工农联盟的国民革命主力军,……准备直接革命"④的主张。所有这些思想为毛泽东后来提出"枪杆子里面出政权"以及"工农武装割据"等思想提供了宝贵的素材⑤。

四、中共早期报刊与马克思主义中国化的主体力量

中共早期报刊的编撰群体主要是中共党、团的早期领导人和马克思主义理论家。陈独秀、李大钊、李达、蔡和森、瞿秋白、恽代英、毛泽东、邓中夏、萧楚女等是中共早期报刊编撰群体的代表。他们是集媒体人、马克思主义者和党的早期领导人于一身的先进知识分子,是一批具有强烈爱国情怀的共产主义者,具有较高的马克思主义理论水平,具有开拓创新的精神,是推进早期马克思主义中国化的主体力量。

(一)中共早期报刊编撰群体经历了从爱国主义者到共产主义者转变的成长道路

鸦片战争以后,中国逐步沦为半殖民地半封建的国家。以陈独秀、李大钊、李达、蔡和森、瞿秋白、恽代英、毛泽东、邓中夏、萧楚女等为代表的中共早期报刊编撰群体,大都是19世纪的"80

---

① 《邓中夏文集》,人民出版社1983年版,第63—64页。
② 《恽代英文集》上卷,人民出版社1984年版,第466页。
③ 《瞿秋白文集》(政治理论编)第3卷,人民出版社2013年版,第314页。
④ 《瞿秋白文集》(政治理论编)第4卷,人民出版社2011年版,第40页。
⑤ 徐方平:《蔡和森与向导周报》,中国社会科学出版社2006年版,第143页。

后"和"90后"(只有陈独秀出生于1879年),他们亲眼目睹了由于帝国主义侵略而导致的山河破碎和民生凋零,亲身体验了清政府以及北洋政府的腐朽无能和黑暗统治。严重的民族危机和社会危机,唤起了他们的拳拳爱国之心。中共早期报刊编撰群体都是具有强烈社会责任感的彻底的爱国者。他们以"天下者我们的天下"的气概,积极探寻救国救民的真理和道路。十月革命后,中共早期报刊编撰群体把探索的目光由欧美转向苏俄,逐步实现了从爱国主义者到共产主义者的转变。李大钊、陈独秀、李达是这一群体中最早完成转变者。在李大钊等人的直接或间接影响以及当时形势的推动下,中共早期报刊编撰群体中的瞿秋白、蔡和森、毛泽东、恽代英、邓中夏、萧楚女等也先后实现了这一转变。毛泽东后来回忆说:"到了一九二〇年夏天,在理论上,而且在某种程度的行动上,我已成为一个马克思主义者了。"① 马克思主义中国化主体的首要特征就是必须要信仰马克思主义,因为只有真诚信仰马克思主义才能够自觉地应用马克思主义。到中共成立前,马克思主义中国化的主体力量已经开始初步酝酿。正是在这一批怀有强烈爱国情怀的共产主义者的组织和推动下,马克思主义与中国工人运动相结合诞生了中国共产党,为马克思主义中国化提供了强大的组织保障。

(二)中共早期报刊编撰群体既学识丰富又具有较高的马克思主义理论水平

中共早期报刊编撰群体学识丰富,其教育背景具有以下三个特点:一是既接受过严格的传统教育,又都就读于新式学校;二是大都接受过高等教育,同时又具有不同程度的留学背景(主要是日本、

---

① [美]斯诺:《西行漫记》,生活·读书·新知三联书店1979年版,第131页。

法国和苏俄三个国家,这与马克思主义在中国早期传播的主要渠道相吻合);三是大都精通一门或多门外语。这些特点决定了中共早期报刊编撰群体会同中西,具有深厚的旧学根底和强烈的革新精神,具有"猛看猛译"马列原著的语言优势①。同时,中共早期报刊编撰群体又具有较高的马克思主义理论水平。李大钊的《我的马克思主义观》全面阐述了马克思主义的三个组成部分,对马克思主义在中国的传播具有开拓性意义。李达在《共产党》月刊上发表大量文章批判机会主义和无政府主义,宣传列宁的建党学说,"颇不愧'旗帜鲜明'四字"②。《新青年》季刊出版后,陈独秀每期都发表一篇论文或译作。蔡和森仅在《向导》发表的文章就达156篇。恽代英以《中国青年》为阵地,对国家主义派和戴季陶主义进行了深刻批判,他和萧楚女也成为广大青年最热爱的偶像,"培养和影响了整整一代青年"③。这一时期,毛泽东在中共早期报刊上虽然发文不多,但有的文章如《湖南农民运动考察报告》在国内外产生了巨大影响。中共早期报刊编撰群体发表了大量介绍和研究马克思主义的文章,他们"懂得"马克思主义,知晓马克思主义的基本原理和时代精神,具备了应用马克思主义于中国的能力。

(三)中共早期报刊编撰群体非常重视在"结合"中推进理论创新

中共早期报刊编撰群体在传播马克思主义的过程中,非常注意理论与实际相结合的原则,并在"结合"中推进了马克思主义的理论创新。李大钊强调指出:马克思的学说是时代的产物,我们绝对

---

① 田子渝:《马克思主义在中国初期传播史(1918—1922)》,学习出版社2012年版,第31页。
② 《毛泽东文集》第一卷,人民出版社1993年版,第4页。
③ 《中国青年的领袖和导师——恽代英》,载《人民日报》,2005年2月28日。

不能机械地整个拿来，而应该深入地研究究竟如何把马克思主义应用于中国今日政治经济情形。瞿秋白在也多次撰文指出：革命的理论必须和革命的实践相结合，否则理论便成空谈。很明显，这里已经涉及到马克思主义与中国革命实际"为什么结合""怎样结合"等马克思主义中国化的最基本的问题。为避免对马克思主义的"妄想、迷信"① 和空谈，中共早期报刊编撰群体努力把马克思主义基本原理与中国革命实际相结合，对中国革命的对象与动力、性质与前途、无产阶级领导权、统一战线和武装斗争等涉及中国革命的根本问题进行了较为深入的探究，为构建新民主主义革命理论体系作了理论准备。值得一提的是，毛泽东非常重视对中国国情的考察，他所撰写的《湖南农民运动考察报告》，《向导》周报曾予以刊发前两章，共产国际机关报《共产国际》英文版和俄文版予以转载，英文版的编者按称，在目前所有研究中国农村状况的英文版刊物中，"这篇报告最为清晰"②。他所撰写的《中国社会各阶级的分析》一文，对中国社会的阶级状况进行了全面、准确地分析，系统地回答了"谁是我们的朋友，谁是我们的敌人"这一革命的首要问题。

综上，中共早期报刊为马克思主义中国化提供了理论准备、强大动力、理论成果和主体力量。深入探究中共早期报刊所作贡献，对于在新时期不断推进马克思主义中国化，巩固马克思主义在意识形态领域的指导地位具有重要借鉴意义。一是要加强报刊等传统媒体的建设，同时更要重视各种新媒体的作用，努力打造一个全方位而且广覆盖的大众化传播体系。二是要对当下各种非马克思主义思潮对我国的影响、渗透和干扰保持清醒认识，又要借鉴其合理成分，不断发展马克思主义。三是推进马克思主义中国化，必须要始终体

---

① 《新青年》第7卷上，中国书店2011年版，第424页。
② 郑保卫：《中国共产党新闻思想史》，福建人民出版社2005年版，第67页。

现时代精神、反映时代要求、把握时代脉搏，回答时代提出的课题。四是既要建设一支高素质的马克思主义理论队伍，又要努力培养和造就一大批青年马克思主义者，不断创新人才队伍建设。

民主革命时期的中共报刊对巴黎公社的宣传

【内容提要】民主革命时期,中国共产党利用报刊这一平台,对巴黎公社进行了广泛宣传,推动了马克思主义在中国的传播和中国革命的发展。借助纪念活动对巴黎公社进行宣传,是中共报刊宣传巴黎公社的一大特点。推进当代中国马克思主义大众化,要利用好纪念活动这一党的传统政治资源。对巴黎公社进行广泛宣传,对于今天推进政治体制改革和加强党的建设仍然具有重要的现实意义。

巴黎公社是无产阶级革命的一次伟大尝试,为国际共产主义运动提供了宝贵的经验教训。民主革命时期,中国共产党通过报刊这一平台,对巴黎公社的经验教训进行了总结和宣传,推动了马克思主义在中国的广泛传播和中国革命向前发展。对巴黎公社进行广泛宣传,对于今天推进政治体制改革和加强党的建设仍然具有重要的现实意义。

一、建党和大革命时期的中共报刊对巴黎公社的宣传

1871年4月22日,在巴黎公社起义发生一个多月后,由外国传

教士在上海创办的《中国教会新报》（后改名为《万国公报》）最早在中国报道了巴黎公社的消息，称这次起义为"民变"。其后，香港的《华字日报》和《中外新报》也记述了巴黎公社的有关情形。出于为革命制造舆论的需要，1906年6月，宋教仁在《民报》第5号发表的文章中将巴黎公社称之为"巴黎暴动"。翌年6月，《新世纪》周刊创刊号发表的《新世纪之革命》一文，首次把巴黎公社称之为"革命"，文章对巴黎公社失败的教训进行了初步总结，称"后来之革命者，亦可引以为鉴矣！"①

建党前后，早期中国马克思主义者借助报刊对巴黎公社的进行了积极宣传，并力图从巴黎公社的经验教训中，为中国革命提供鉴戒。1920年12月7日，李达在《共产党》月刊第2号发表《社会革命底商榷》一文，首次指出：中国革命就应该像1871年"法国地方自治团"那样，"以最普遍最猛烈最有力量的为好"②。这实际上已指出了中国革命应该走武装斗争的道路，这也是中共报刊首次对巴黎公社进行宣传。1921年6月7日，《共产党》月刊第5号发表了李启汉撰写的《劳农制度研究》，第一次简要介绍了马克思所著《法兰西内战》的要点，称巴黎公社为"巴黎的自治团"③。在1922年7月出版的《新青年》第9卷第6号上，李达发表《评第四国际》一文，将巴黎公社与十月革命作了比较，认为：十月革命之所以成功，巴黎公社之所以失败，"就是因为一个由共产党任指挥而一个没有"。据此，李达特别强调指出："无产阶级实行革命，必有一个共产党从中指导，才有胜利之可言。"④ 李达根据巴黎公社失败的

---

① 黎永泰、曹萍：《中国人民对巴黎公社的认识和第一次纪念活动》，载《社会科学研究》，1991年第2期。
② 李达：《社会革命底商榷》，载《共产党》，第2号。
③ 李启汉：《劳农制度研究》，载《共产党》，第5号。
④ 《李达文集》第1卷，人民出版社1980年版，第133页。

教训总结出的这一历史经验,对中国革命的最终胜利产生了深远的影响。当时,赴法勤工俭学的周恩来,在研究无产阶级革命的历史经验时也注意到了巴黎公社。1922年12月1日,周恩来在青年团旅欧支部主办的《少年》杂志第5期上发表《十月革命》一文,称巴黎公社为"巴里共治团",文章肯定了十月革命与巴黎公社的一脉相承性,认为十月革命所肩负的使命,在历史上只有巴黎公社"能取来与他相比",只不过巴黎公社是"一朵昙花",而十月革命则"为全世界的无产阶级奠定了革命始基"。①

1925年3月7日,《中国青年》第69期推出"国际妇女日与巴黎公社特刊"。这也是中共报刊推出的第一个纪念巴黎公社的特刊。其中的《巴黎公社》《为什么纪念巴黎公社》两篇文章对巴黎公社的历史地位给予了充分肯定,对巴黎公社失败的教训进行了深刻总结。天声在《巴黎公社》一文中指出:1871年3月18日是"无产阶级夺取政权,以统治阶级的地位支配一切的第一日","我们纪念巴黎公社是因为这是无产阶级第一次夺取政权,他证明奴隶的无产阶级有执政的能力,并且是能促进社会进步的唯一统治阶级。"文章首次提到了"执政能力"这个概念。该文还对巴黎公社失败的教训进行了较为深入地总结,特别指出:"没有统一强固的党,政府权力不集中,对待反革命势力太宽恕,不没收银行,不掌管交通机关,都可以做后来无产阶级运动的前车之鉴。"② 大学在《为什么纪念巴黎公社》一文中,高度评价了巴黎公社的历史地位,认为巴黎公社"在无产阶级革命史上有极重大的意义",其意义主要体现在四个方面:一是无产阶级第一次夺取政权;二是转法国的对外战争而为国内战争;三是创造了一种无产阶级国家的初形,被压迫者的政府形

---

① 伍豪:《十月革命》,载《少年》,第5期。
② 天声:《巴黎公社》,载《中国青年》,第69期。

式;四是证明了工人阶级亦能掌握政权,并能创造新的政治生活。文章还对巴黎公社失败的原因进行了分析,认为最根本的原因有二:一是"没有一个有力的统一的无产阶级政党(共产党)作指导",二是对于资产阶级没有"以最严酷的手段压止其反革命行动"。①

1926年3月18日,在巴黎公社55周年之际,广东各界隆重集会纪念巴黎公社,这也是中国人民第一次大规模地纪念巴黎公社。张太雷在纪念大会上作了《巴黎公社纪念日》的报告,该报告刊登在中共广东区委机关刊物《人民周刊》第6期上。在报告中,张太雷分析了巴黎公社的性质,指出:巴黎公社"是第一次工人掌握政权",这种政权是由人民普选产生,是"一种普通选举的制度"。巴黎公社给我们提供了"怎样去掌握政权"的经验,"俄国革命成功以后的政治组织大致都是模仿巴黎公社的"。张太雷认为无产阶级"太慈悲了"而导致巴黎公社的失败,因此,"我们为革命的缘故,残忍是必要的。……在应该用残忍手段的时候,就应该用这种手段,不然,便是宋襄公之仁。"② 张太雷最后强调指出,中国的无产阶级及一般被压迫的民众在民族运动中,应该从巴黎公社中得到更多的教训,一方面要警惕资产阶级的妥协和卖国,另一方面要坚持无产阶级对于革命的领导。张太雷对于巴黎公社失败教训的总结,可以说是非常深刻的,后来大革命的失败也恰恰完全证明了这一历史教训的真理性和重要性。

1927年3月18日,在上海工人举行第三次武装起义前夕,郑超麟在《向导》第192期发表《第一次无产阶级革命——巴黎公盟》一文,强调指出:巴黎公盟"虽然悲壮的失败了,但他给了世界无产阶级以很有价值的教训"。文章结合上海工人阶级所面临的斗争,

---

① 大学:《为什么纪念巴黎公社》,载《中国青年》,第69期。
② 《张太雷文集》,人民出版社2011年版,第244—247页。

指出:"上海无产阶级所处地位有几点与当时巴黎无产阶级所处地位正相仿佛",因此,"此时巴黎公盟的教训自然对于上海无产阶级有现实的意义。我们切不可轻轻纪念巴黎公盟像往年别处那样纪念,我们更应该利用巴黎公盟的教训,以为我们目前行动的殷鉴。"①

除了直接宣传巴黎公社外,建党和大革命时期的中共报刊还对《国际歌》进行了传播。巴黎公社失败后,公社领导人之一欧仁·鲍狄怀着满腔热血,写下了这首气壮山河的诗歌。工人作曲家比尔·狄盖特于1888年为《国际歌》谱写了曲子,将《国际歌》由"诗"发展为"歌"。20世纪20年代初,《国际歌》传入我国。1920年10月至12月,《劳动者》第2、4、5、6期连载的《劳动歌》,实际上是《国际歌》的不准确的译文,这也是最早的《国际歌》中译文。国内最早将《国际歌》由"诗"变成"歌"的中译者是瞿秋白,1923年6月15日出版的《新青年》季刊第1期,发表了由瞿秋白翻译的《国际歌》。1925年9月,《中国青年》第93、94期合刊登载了《国际歌》的曲谱,推动了《国际歌》在中国的传唱。②

综上,这一时期中共报刊对巴黎公社的宣传,有如下五个特点:第一,巴黎公社的译名还不统一。这一时期中共报刊上关于巴黎公社的译法较多,有"法国地方自治团"、"巴黎的自治团"、"巴里共治团"、"巴黎公社"、"巴黎公盟"等译名。译成"巴黎公社"是1924年瞿秋白在《赤都心史》一书中首创,后为多数报刊所采用。第二,大都将巴黎公社与十月革命结合起来进行宣传。一方面宣传十月革命是巴黎公社的继承者,强调二者的一脉相承性;另一方面,将十月革命与巴黎公社二者进行比较,在正反两方面的对比中,总

---

① 超麟:《第一次无产阶级革命——巴黎公盟》,载《向导》,第192期。
② 王福和:《〈国际歌〉的早期中译者》,载《中共党史研究》,2012年第9期。

结巴黎公社失败的历史教训以及十月革命胜利的历史经验。第三，特别强调了缺乏无产阶级政党的指导是巴黎公社失败的一个主要原因，为无产阶级领导权思想的提出和宣传作了一定贡献。第四，开始结合中国革命的现实对巴黎公社经验教训进行总结，已初步提出了要借鉴巴黎公社的经验教训去争取民族的独立与解放。第五，介绍《法兰西内战》要点、传播《国际歌》与宣传巴黎公社相结合。

二、土地革命时期的中共报刊对巴黎公社的宣传

大革命失败后，大批共产党员和革命群众遭到屠杀，白色恐怖笼罩着整个中国。1927年11月7日，郑超麟在《布尔塞维克》第3期发表《惨无人道之中国白色恐怖》一文，愤怒地写道："震动全世界的巴黎公社失败后之屠杀，我想也不过如是。"① 但是，中国共产党人没有被国民党的屠杀所吓倒，1927年12月11日，广州起义爆发，并成立了广州苏维埃政府（后来又称广州公社）。1928年6月，中共六大通过的一个决议中，正式决定将12月11日广州暴动日作为一个固定纪念日，指出广州暴动"与英勇的伟大的巴黎公社有同样的价值"，并号召全党和千百万群众"去纪念他，去研究他的教训，去完成他的历史事业"。②

1932年3月16日，《红色中华》第14期发表署名"观澜"的纪念巴黎公社的社论。社论从政权建设、共产党的领导、工农联盟、镇压反革命、经济政策、发展革命战争等六个方面分析了导致巴黎公社失败的原因，强调指出："我们纪念巴黎公社的时候，应该认识和运用他的教训到我们目前的工作上去。"社论联系当前的任务，就如何运用巴黎公社的教训提出一系列正确的主张：一是要建立"强

---

① 超麟：《惨无人道之中国白色恐怖》，载《布尔塞维克》，第3期。
② 《中共中央文件选集》第4册，中共中央党校出版社1989年版，第385页。

有工作能力的苏维埃政府,保持无产阶级的领导权";二是"必须坚决地在共产党的领导之下,去争取革命的胜利";三是"要争取革命的同盟军,紧密地联合农民",实行工农联盟;四是"严厉镇压阶级敌人和反动分子的反革命阴谋活动";五是"要正确地执行经济政策,要彻底的执行土地法";六是"充分地发动群众,参加各种革命工作,巩固后方,节省粮食,节省经济,帮助红军,特别是要扩大红军"。①该篇社论适应了共产党局部执政的需要,提出了不仅要打碎旧的国家机器,而且要建立新的真正的民主国家的任务,从而全面贯彻了巴黎公社原则,这较建党和大革命时期中共报刊对巴黎公社的宣传,是一大进步。

1933年3月8日的《红旗周报》发表了《中共中央为巴黎公社六十二周年和北京惨案七周年纪念宣言》。《宣言》认为"三一八"的双重意义是"值得全中国民众所深刻纪念的!"《宣言》阐述了巴黎公社对中国革命的深刻启示:一是"无产阶级革命必须要打破和粉碎资产阶级的国家机关,而代之以自己新的国家";二是"在革命的无产阶级起来的时候,资产阶级一定会出卖自由、故乡、民族等等的利益";三是"非有自己的强固政党,不能争取自己的革命胜利";四是"非有无情的进行国内的革命战争与采取严厉的专政手段,无产阶级便不能克服自己阶级敌人的反抗";五是"不没收资产阶级的财产,不剥削资产阶级,无产阶级便不能战胜自己的敌人,在物质上巩固自己的政权"。《宣言》认为:"中国苏维埃运动的发展,证明了巴黎公社式的苏维埃政权,不但是先进国家无产阶级革命的旗帜,而且是殖民地半殖民地的民族解放斗争的旗帜。"《宣言》进而提出:"学习巴黎公社的经验与教训,以公社的宝贵经

---

① 观澜:《纪念"三一八"与庆祝福建省第一次工农兵代表大会》,载《红色中华》,1932年3月16日。

验来武装自己,这是纪念公社的任务,也是无产阶级争取革命胜利的必要条件。"① 这个《宣言》也体现了全面贯彻巴黎公社原则的精神,但是由于受"左"倾错误的影响,也提出了一些不正确的观点,特别是在九一八事变之后中日矛盾上升为主要矛盾的情况下,对资产阶级特别是民族资产阶级仍然采取剥夺的政策,不仅混淆了民主革命和社会主义革命的界限,也不利于联合中间势力共同抵御外敌。

1933年3月18日,《红色中华》第62期第三版发表了署名"然"的《两次武装暴动的教训》一文,将巴黎公社与上海工人第三次武装起义结合起来,指出:这两个伟大的武装暴动,虽然一个在西方,一个在东方,但同样的唤醒了千百万工农群众起来为夺取政权而奋斗,都具有深远的意义。巴黎公社是"全世界无产阶级第一次起来夺取政权的斗争。……开辟了全世界无产阶级革命的道路,直接影响着苏联十月革命的胜利与中国苏维埃运动的发展";而上海暴动则"最初地教给中国工人以夺取政权的斗争武器,使工人阶级利用'三二一'的经验和教训,领导了以后的南昌暴动和广州暴动,直接地加强了无产阶级在中国革命运动中的领导权"。② 1934年3月17日,《红色中华》第136期第四版发表了署名"仿吾"的《纪念巴黎公社》一文,强调指出:"巴黎公社的旗帜同时也就是中国的工人与农民的旗帜。在帝国主义与本国地主豪绅资产阶级压迫剥削下的中国工人与农民,也只有学巴黎工人,自己起来为阶级的利益与民族的解放而斗争到底。"③ 同一期《红色中华》还发表了一首歌颂巴黎公社诗篇——《一颗彗星》。"这首诗洋溢着无产阶级国际团结的思想感情,表达了在争取解放的艰苦岁月里,革命根据地

---

① 《为巴黎公社六十二周年和北京惨案七周年纪念宣言》,载《红旗周报》,第58期。
② 然:《两次武装暴动的教训》,载《红色中华》,1933年3月18日。
③ 仿吾:《纪念巴黎公社》,载《红色中华》,1934年3月17日。

人民要从巴黎公社光辉范例汲取力量的强烈愿望。"① 1937年3月13日,《新中华报》第373期第三版发表《"三一八"纪念史略》一文,简单地介绍了巴黎公社和北京"三一八"惨案,同时联系日益加深的民族危机,指出:"中国民众要反对日本帝国主义的侵略,只有依靠自己的力量团结起来,武装起来进行流血的斗争才行。"②

综上,这一时期中共报刊对巴黎公社的宣传有如下五个特点:一是借助对巴黎公社的纪念进行宣传。无论是《红色中华》、《红旗周报》刊发的文章,还是《新中华报》刊发的文章,都与纪念巴黎公社有密切相关。二是宣传的形式多样。既有社论,又有中共中央宣言;既有政论性的文章,又有史料性的介绍,还有文艺作品,特别是以文艺作品的形式来纪念巴黎公社是很罕见的。三是与其他事件相结合进行宣传。在与北京"三一八"惨案、广州暴动、上海第三次工人武装起义等事件结合中,对巴黎公社的经验教训进行总结,以指导中国当前的革命。四是体现了全面贯彻巴黎公社原则的精神。就如何正确运用巴黎公社的教训到我们目前的工作提出了一系列主张:一方面要通过革命打碎旧的国家机器,另一方面要建立新的真正民主的国家政权。五是受"左"倾错误的影响,提出了一些不正确的观点。

三、抗日战争时期的中共报刊对巴黎公社的宣传

全面抗战爆发后,中国共产党借助对巴黎公社的宣传,总结巴黎公社的经验教训,用以指导伟大的抗日战争。中共报刊将宣传巴黎公社与进行抗战动员结合起来。1938年3月18日,在巴黎公社67周年之际,《新华日报》发表了题为《纪念"三一八"》的社论。

---

① 陈叔平:《巴黎公社与中国》,中国人民大学出版社1988年版,第124页。
② 《"三一八"纪念史略》,载《新中华报》,1937年3月13日。

社论强调指出:"巴黎公社对于我国今日抗战,亦具有重大的意义",巴黎公社的榜样"对于正在艰苦奋斗抵抗日寇的中国人民"是"一个很好的鼓励",是"值得我们去学习的"。社论同时还指出了巴黎公社"忽略了农村工作,不能把广大的农民群众团结在自己的周围",这一教训是"值得我们去深切吟味的"。① 这样,就从一正一反两个方面很好地宣传了中国共产党主张的全面抗战路线。

中共报刊的文章在宣传巴黎公社时,还与抗日民族统一战线相结合。1938年3月19日,《群众》第14期发表吴克坚的《纪念巴黎公社》一文,联系当时国共两党合作抗日的现实,指出:我们现在的抗战"不仅有英勇的无产阶级政党中国共产党,而且有我国第一个大政党国民党,他们共同抗日,共同抵御外侮,所以巩固和扩大国共及其他反日党派的团结,是争取胜利的保障。这正是巴黎公社为保卫祖国所给我们伟大的历史教训"。② 从巴黎公社失败的教训中,中共报刊强调了国共合作建立抗日民族统一战线共同抗日的重要性。

抗战进入相持阶段后,日本改变了侵华策略,对国民党采取"政治诱降为主,军事打击为辅"的方针。受其影响,1938年12月,以汪精卫为代表的亲日派公开当了汉奸,投降了日本帝国主义;以蒋介石为代表的亲英美派,也开始采取消极抗战、积极反共的政策。中共报刊结合对巴黎公社和北京"三一八"惨案的总结,对国民党的反共行为进行深刻揭露和批判。1940年3月18日,《新华日报》发表《纪念两个"三一八"》的社论。在总结巴黎公社的历史意义和经验教训的基础上,特别强调指出:"全民族抗日战士可以从这里面得到:要坚持抗战必须扩大反汉奸运动,必须要彻底粉碎

---

① 《纪念"三一八"》,载《新中华报》,1938年3月18日。
② 陈叔平:《巴黎公社与中国》,中国人民大学出版社1988年版,第136页。

'反共'、'防共'等谬论和阴谋；同时更要充分提高警惕性，展开深入的群众工作，以巩固和扩大革命的力量。只有这样才能克服难关，争取抗战的最后胜利。"①

1940—1941年，《新中华报》《群众》《解放》等中共报刊还译载了列宁的《巴黎公社底教训》《纪念巴黎公社》以及《关于巴黎公社的讲演提纲》等文章，《新华日报》和《群众》也分别刊登了季米特洛夫写的《巴黎公社七十周年》一文，对巴黎公社进行了深入宣传。《巴黎公社七十周年》一文对巴黎公社的历史地位给予了高度评价，指出：巴黎公社是无产阶级的"创造力、自动性和革命精神"的成果，是工人阶级建立无产阶级专政的"第一次认真的努力"，是无产阶级"新型国家的雏形""苏维埃的胚胎"以及"国际主义的旗帜"。就巴黎公社失败的原因，列宁认为：法国无产阶级担负着既要从德国侵略下解放法国又要从资本主义下社会主义地解放工人的双重任务，"法国社会主义者底不幸就是含在相矛盾的任务——爱国主义和社会主义——底联系里"。巴黎公社建立后，一方面，由于"无产阶级停止在半途上"，没有实行剥夺剥夺者；另一方面，由于"无产阶级的过度宽大"，给敌人以喘息机会。这两个错误加在一起毁灭了胜利的成果。季米特洛夫写的文章认为，造成这些错误的最根本的原因，就是"缺乏了解工人阶级的共产党"。②

从1942年至1944年这三年间，《新华日报》《解放日报》《群众》等报刊上，共发表了15篇纪念"三一八"的文章，其内容可归纳为三类：第一类是结合巴黎公社的历史来介绍法国人民的反法西斯的斗争和法国共产党的重要作用的文章；第二类是专门就巴黎公社本身的历史经验进行研究或论述的文章；第三类是关于纪念中

---

① 《纪念两个"三一八"》，载《新华日报》，1940年3月18日。
② 参见童小彪：《中国共产党纪念活动与马克思主义中国化》，中国社会科学出版社2010年版，第126—128页。

国的"三一八"的文章。① 这三类文章中,最多的是第一类,共11篇,占73.3%。1945年到新中国成立,中共报刊没有再就巴黎公社的周年纪念发表文章。

综上,这一时期中共报刊对巴黎公社的宣传有如下四个特点:一是主要是以纪念巴黎公社为契机进行宣传。《新中华报》、《解放》、《新华日报》、《解放日报》、《群众》等中共报刊上发表的宣传巴黎公社的文章都是集中在每年的3月18日前后。二是紧密结合抗战的现实进行宣传。借助对巴黎公社的宣传,对中国共产党的全面抗战路线、抗日民族统一战线政策进行了广泛宣传,对汪伪政权以及国民党的反共摩擦进行了深刻揭露和批判。三是通过译载马克思主义经典作家列宁的著作和共产国际领导人季米特洛夫的文章进行宣传,更具权威性。四是宣传方式和内容前后有所变化。1941年之前,中共报刊对巴黎公社的宣传与北京"三一八"惨案密切结合;1941年之后,开始把两个"三一八"分别撰文纪念,内容以巴黎公社为主。

四、几点思考

首先,民主革命时期中共报刊对巴黎公社的宣传,推动了马克思主义在中国的传播和中国革命的发展。借助对巴黎公社的宣传,中国共产党对巴黎公社的经验教训进行了较为深入地总结。包括巴黎公社在内的国际共产主义运动的经验教训,是马克思主义的重要内容。因此,对巴黎公社的宣传,也就是对马克思主义的传播。借助对巴黎公社的宣传,马克思主义经典作家的著作,如《法兰西内战》、《巴黎公社底教训》、《纪念巴黎公社》等也得到了传播,为马

---

① 陈叔平:《巴黎公社与中国》,中国人民大学出版社1988年版,第147页。

克思主义中国化提供了文本基础。同时，通过总结巴黎公社的经验教训，也使中国共产党"从此学得革命的方法"①，认识到了武装斗争、统一战线和党的领导的重要性，推动了中国革命的发展。

其次，推进当代中国马克思主义大众化要利用好纪念活动这一传统资源。民主革命时期中共报刊对巴黎公社宣传大都集中在每年的3月18日前后，各相关报刊相互配合，这样便于形成宣传的合力，从而收到良好的效果。借助对巴黎公社的纪念来宣传巴黎公社，总结巴黎公社和中国革命的经验教训，是中共报刊宣传巴黎公社的一大特点。纪念活动是中国共产党传统的政治资源。推进当代中国马克思主义大众化，要利用好这一政治资源，抓住"五一"、"七一"、"八一"、"十一"、经典作家和老一辈无产阶级革命家诞辰忌辰纪念以及重大历史事件纪念等这些有利时机，采取灵活多样、群众喜闻乐见的方式切实有效地进行。

第三，巴黎公社的原则仍具有重要的现实意义。巴黎公社虽然已经过去140多年，但巴黎公社的原则永存。巴黎公社的原则是"破"和"立"的辩证统一，既要打碎旧的国家机器，又要建立新的真正民主的国家政权。巴黎公社的全体公职人员必须通过选举产生后才能任命，民众对其实行公开监督，对不称职的公职人员选民有权对其进行罢免。巴黎公社坚持将民主选举、民主监督和民主罢免三者结合起来，这一民主原则对今天的政治体制改革仍具有重要的借鉴意义。巴黎公社及其公职人员是"社会公仆"。当前，一些党员领导干部不把自己看作是人民的公仆，而把自己看作是人民的主人，引起群众的强烈不满，损害党的威信。因此，巴黎公社的"防止社会公仆变为社会主人"的公仆原则，对于今天保持党的先进性和纯洁性，始终保持党同人民群众的密切联系亦具有重要的现实意义。

---

① 《毛泽东文集》第一卷，人民出版社1991年版，第35—36页。

延安《解放日报》与毛泽东思想的研究宣传

【内容摘要】 延安《解放日报》出版的年代,正值毛泽东思想走向成熟和继续发展的时期。延安《解放日报》首次提出了"毛泽东思想"这一科学概念,初步阐释和概括了其科学内涵和体系,广泛宣传了毛泽东思想的主要内容。延安《解放日报》对毛泽东思想的研究宣传,有力地推动了毛泽东思想大众化,其做法对于推动当代中国马克思主义大众化亦具有借鉴意义。

延安《解放日报》是中共中央在革命根据地办的第一张大型日报,1941年5月16日创刊,1947年3月27日停刊。它出版的年代,正值毛泽东思想走向成熟和继续发展的时期。延安《解放日报》对毛泽东思想科学概念的界定、对毛泽东思想主要内容的宣传等作出了重要贡献,有力地推动了毛泽东思想大众化。

一、延安《解放日报》对毛泽东思想科学概念的界定

(一)延安《解放日报》与毛泽东思想科学概念的形成

1940年5月,王明在《学习毛泽东》的演讲中提出了要学习毛

泽东同志的"理论"。这可以说是毛泽东思想概念的最初萌芽。1941年3月，张如心在一篇文章中最早使用了"毛泽东同志的思想"的提法。1942年2月，他又在《解放日报》撰文指出：谁要成为中国的马克思列宁主义者，谁就必须学习和掌握"毛泽东的理论和策略"①。这也是延安《解放日报》最早对毛泽东思想概念的阐述。整风运动期间，《解放日报》发表了一批纪念文章，从不同的角度对毛泽东及其思想进行了阐述，而且在此基础上开始考虑为这一思想命名的问题。1942年7月1日，陈毅在《伟大的二十一年》一文中，认为毛泽东"正确的思想体系开始创立"②。翌年7月6日，《解放日报》发表刘少奇的文章，使用了"毛泽东同志的思想"③的提法。在此基础上，7月8日，王稼祥发表《中国共产党与中国民族解放运动的道路》一文，首次明确提出并多次使用了"毛泽东思想"这一概念。他说："毛泽东思想就是中国的马克思列宁主义，中国的布尔什维主义，中国的共产主义。"④ 这一界定标志着"毛泽东思想"作为反映毛泽东理论著作本质特征的科学概念，经过较长时间的酝酿以后终于形成。

（二）延安《解放日报》与毛泽东思想科学内涵的阐释

《解放日报》在推动毛泽东思想科学概念的形成过程中，也不断对其内涵进行阐释，使其更加科学。1942年2月18、19日《解放日报》连载张如心《学习和掌握毛泽东的理论和策略》一文指出：毛泽东的理论和策略是马克思列宁主义理论和策略在殖民地半殖民地半封建社会中的运用和发展。陈毅在《伟大的二十一年》中又指

---

① 张如心：《学习和掌握毛泽东的理论和策略》，载《解放日报》，1942年2月18、19日。
② 陈毅：《伟大的二十一年》，载《解放日报》，1942年7月1日。
③ 刘少奇：《清算党内的孟什维主义思想》，载《解放日报》，1943年7月6日。
④ 王稼祥：《中国共产党与中国民族解放运动的道路》，载《解放日报》，1943年7月8日。

出:毛泽东同志"主张以科学头脑、科学方法对待马列主义中国化问题,主张世界革命的一般理论与中国革命的具体实践相结合,有了更具体完整的创获。正确的思想体系开始创立。"① 上述界定虽非全面,但抓住了毛泽东思想的"结合性"、"实践性"和"独创性"等特征,为以后更为科学地界定毛泽东思想奠定了基础。王稼祥的《中国共产党与中国民族解放运动的道路》文章,对毛泽东思想的内涵作了集中的阐述,指出:"毛泽东思想就是中国的马克思列宁主义,中国的布尔什维主义,中国的共产主义","它是创造的马克思列宁主义,它是马克思列宁主义在中国的发展","是马克思列宁主义与中国革命运动实际经验相结合的结果"。同时文章还把"毛泽东思想"与中国共产党22年的革命实际经验联系起来,认为毛泽东思想"是以马克思列宁主义理论为基础,研究了中国的现实,积蓄了中共二十二年的实际经验。"② 这实际上蕴含了毛泽东思想是吸取全党经验教训的成果、是党集体智慧结晶的意思。王稼祥的这一见解很快被党内许多同志接受,为党的七大确立毛泽东思想的指导地位作了思想上的准备。

(三) 延安《解放日报》与毛泽东思想科学体系的概括

毛泽东思想是个科学的理论体系。延安《解放日报》除了对毛泽东思想体系的内容进行概括外,还涉及到了贯穿这些内容之中的"思想方法",为后来对毛泽东思想活的灵魂的概括奠定了基础。③ 张如心的《学习和掌握毛泽东的理论和策略》文章指出:毛泽东的理论和策略包括思想路线或思想方法论、政治路线或政治科学、军

---

① 陈毅:《伟大的二十一年》,载《解放日报》,1942年7月1日。
② 王稼祥:《中国共产党与中国民族解放运动的道路》,载《解放日报》,1943年7月8日。
③ 赵付科:《中国共产党的纪念活动与毛泽东思想》,载《当代世界与社会主义》,2009年第2期。

事路线或军事科学三部分,"这三个组成部分内在有机的统一便构成毛泽东的理论和策略底体系"①。陈毅发表的《伟大的二十一年》文章,对毛泽东思想体系作了进一步的概括。文章从中国社会性质、革命动力和前途以及革命战略策略、组织和领导革命战争、苏维埃政权建设、建党、思想方法等五个方面阐述了以毛泽东为领袖的中国共产党运用马列主义解决中国革命实际问题的新创造,认为"正确的思想体系开始创立。"②

二、延安《解放日报》对毛泽东思想主要内容的宣传

延安《解放日报》在对毛泽东思想科学概念进行界定的同时,又从毛泽东政治思想、经济思想、文艺思想、军事思想以及党建思想等五个方面③,对毛泽东思想的主要内容进行了广泛宣传。

(一)延安《解放日报》对毛泽东政治思想的宣传

第一,对抗日民族统一战线政策的宣传

抗战相持阶段到来以后,为了坚持抗战,中国共产党明确提出坚持抗战、团结、进步的方针和又联合又斗争的策略。《解放日报》根据党的政策,积极宣传这一方针和策略,收到了良好的效果。1942年7月4日,《解放日报》发表社论说:卢沟桥的炮火,促进了国共合作和抗日民族统一战线之迅速结成,唤起了我全民族人无分男女老幼,地无分东西南北,一致奋起,团结杀敌,这种团结的精神,乃是我们抵御暴寇的新的民族的长城。社论进一步提出:调

---

① 张如心:《学习和掌握毛泽东的理论和策略》,载《解放日报》,1942年2月18、19日。
② 陈毅:《伟大的二十一年》,载《解放日报》,1942年7月1日。
③ 许冲:《〈解放日报〉与毛泽东思想社会化》,2007年华南师范大学硕士学位论文。

整目前很不正常的国共关系,使各党派对于目前抗战及对抗战后新中国的建设取得一致的意见,以巩固团结,增进团结,坚持抗战,获得胜利,是当前最重要的课题。① 面对蒋介石集团掀起的第三次反共高潮,《解放日报》又开展了为期三个月的强有力的反击宣传战,迫使国民党这次反共高潮没有发展成为大规模的武装进攻。

第二,对抗日民主政权"三三制"原则的宣传

"三三制"是中国共产党在抗日战争时期建立抗日民族统一战线政权的重要政策之一,也是团结一切抗日人民的组织保证。《解放日报》对这一政策进行了强有力的宣传。针对少数党员认为"三三制"只是拉拢党外人士的一种"手段"而拒绝与党外人士进行合作的错误认识,社论《反对政权建设中的关门主义》强调指出:"如果党外人士主张高明、办事能干、勤苦奋发而得到群众的拥护,那有什么不好呢?我们所要求的,中国所需要的,不正是这样的人吗?"②《解放日报》对抗日民主政权建设的宣传,"不但有利于政权工作的建立和开展,而且使广大读者(包括国统区和沦陷区的读者)深切感到边区的新政权建设,利国利民,特别是走在前面的陕甘宁边区,更闪耀着建设新中国的曙光。"③

第三,对建立民主联合政府的宣传

1944年9月,中共参政员林祖涵在国民参政会上提出废除国民党一党专政、召开各党派会议、成立民主联合政府的主张,得到民主党派、民主人士和社会各界的热烈响应。《解放日报》全文发表了《关于国共谈判林祖涵同志在国民参议会上的报告》,并对全国人民反对国民党一党专政、要求成立联合政府的强烈愿望与行动进行了充分宣传报道。1945年5月2日《解放日报》全文刊登了毛泽

---

① 王敬:《延安〈解放日报〉史》,新华出版社1998年版,第107—108页。
② 《反对政权建设中的关门主义》,载《解放日报》,1941年12月29日。
③ 王敬:《延安〈解放日报〉史》,新华出版社1998年版,第286页。

东在七大上所作的政治报告《论联合政府》，全面阐述了中国共产党关于民主联合政府的主张。中共七大闭幕后，《解放日报》发表社论说："毛泽东同志在报告中，详细规定了中国人民的战斗纲领，这是新民主主义的宪章，其重要性不待指出就可明白。"①

（二）延安《解放日报》对毛泽东经济思想的宣传

第一，对土地政策的宣传

1942年1月28日，中共中央政治局通过了《关于抗日根据地土地政策的决定》。2月6日，《解放日报》全文刊登了这一《决定》。《决定》指出："抗战以来，我党在各抗日根据地实行的土地政策，是抗日民族统一战线的土地政策，也就是一方面减租减息一方面交租交息的土地政策。"②抗战胜利后，为最大限度地满足农民对土地的要求，1946年5月4日，中共中央发布《五四指示》。《五四指示》发布后，各解放区开展了轰轰烈烈的土改运动。《解放日报》在社论《张永泰的道路》中明确指出："解放区民主政府实行土地改革的目的，在于使农民从封建的土地关系中解放出来，使他们能够自由地发展生产力，提高农业从而提高工业的水平，普遍改善全体人民的生活。"③

第二，对抗日根据地经济建设方针的宣传

为了克服根据地面临的严重困难局面，毛泽东提出了"发展经济，保障供给"的经济工作和财政工作的总方针。当时在边区的机关、部队、学校、工厂开展了轰轰烈烈的大生产运动，这是发展经济的具体表现。《解放日报》对大生产运动进行了全面、深入、持

---

① 《团结的大会，胜利的大会》，载《解放日报》，1945年6月14日。
② 《关于抗日根据地土地政策的决定》，载《解放日报》，1942年2月6日。
③ 《张永泰的道路》，载《解放日报》，1946年12月8日。

久的宣传报道,从 1942 年开始,到 1943、1944 年形成高潮,1945 年转入扎扎实实、稳步前进,这也是中国报刊史上首次大规模的经济宣传。[7](P237—238)此外,《解放日报》还对其他具体的方针政策进行了广泛宣传,其中对"精兵简政"政策的宣传,仅社论就发表了 15 篇。①

第三,对干部要学会经济工作思想的宣传

1942 年 12 月在陕甘宁边区高干会议上,毛泽东发出了"必须学会做经济工作"的号召。《解放日报》对这个问题也进行了广泛深入的宣传,使这一号召深入人心。1943 年 12 月 2 日《解放日报》第一版全文发表了毛泽东在中共中央招待陕甘宁边区劳动英雄大会上发表的《组织起来》的讲话,讲话指出:"把工作做得更好,首先是按自愿原则把群众组织到合作社里来","每一个共产党员,必须学会组织群众的劳动。"② 1945 年 1 月 31 日,报纸发表毛泽东写的社论《游击区也能够生产》,再次强调了学会经济工作的重要性。社论指出:"我们要战胜日本侵略者,除其他一切外,还必须努力于经济工作,必须于两三年内完全学会这一门。"③经过《解放日报》的广泛宣传,使学会经济工作的号召深入人心。

(三)延安《解放日报》对毛泽东文艺思想的宣传

第一,对文艺与人民关系的宣传

1943 年 10 月 19 日《解放日报》发表了毛泽东 1942 年 5 月《在延安文艺座谈会上的讲话》(以下简称《讲话》)。《讲话》明确指出:我们的文学艺术都是为人民大众的,"首先是为工农兵的,为

---

① 王敬:《延安〈解放日报〉史》,新华出版社 1998 年版,第 288 页。
② 毛泽东:《组织起来》,载《解放日报》,1943 年 12 月 2 日。
③ 《游击区也能够生产》,载《解放日报》,1945 年 1 月 31 日。

工农兵而创作，为工农兵所利用。"① 文学家艺术家必须到群众中去，必须长期地无条件地全心全意地到工农兵群众中去，走与工农兵相结合的道路，走普及与提高相结合的道路。在文艺座谈后召开之后，《讲话》的正式文本公开发表之前，《解放日报》就已发表了大量文章宣传知识分子与群众相结合的思想。如刘白羽的《与现实斗争生活结合》、魏东明的《从学院到实际》、周立波的《思想，生活和形式》、张仃的《画家下乡》、凯丰的《关于文艺工作者下乡的问题》、舒群的《必须改造自己》等。

第二，对文艺与生活关系的宣传

《讲话》指出："作为观念形态的文艺作品，都是一定的社会生活在人类头脑中的反映的产物。革命的文艺则是人民生活在革命作家头脑中的反映的产物。"这是《讲话》关于文艺本质的一个基本命题，涉及文艺作品、社会生活和作家三个方面，社会生活是第一性的，文艺作品是第二性的；社会生活是客体，作家是主体，它们经由"文艺作品"而一致起来。《讲话》进一步指出："人民生活中本来存在这文学艺术原料的矿藏，这是自然形态的东西，是粗糙的东西，但也是最生动、最丰富、最基本的东西；在这点上说，它们使一切文学艺术相形见拙，它们是一切文学艺术的取之不尽、用之不竭的唯一源泉。"②

第三，对文艺与政治关系的宣传

《讲话》提出："文艺是从属于政治的，但又反转来给予伟大的影响于政治。"关于文艺批评标准的问题，毛泽东指出："文艺界的主要的斗争方法，是文艺批评"，"文艺批评有两个标准，一个是政治标准，一个是艺术标准"，"我们的要求则是政治和艺术的统一，

---

① 毛泽东：《在延安文艺座谈会上的讲话》，载《解放日报》，1943年10月19日。
② 毛泽东：《在延安文艺座谈会上的讲话》，载《解放日报》，1943年10月19日。

内容和形式的统一,革命的政治内容和尽可能完美的艺术形式的统一。缺乏艺术性的艺术品,无论政治上怎样进步,也是没有力量的。因此,我们既反对政治观点错误的艺术品,也反对只有正确的政治观点而没有艺术力量的所谓'标语口号式'的倾向。"① 但是,文艺座谈会之后,在对文艺与政治关系的宣传中,却出现了抬高政治性压低艺术性的倾向(如1942年5月23日塞克发表的《论战时艺术工作和创作态度》),这不能不说是《解放日报》对毛泽东文艺思想宣传的一个缺憾。

(四)延安《解放日报》对毛泽东军事思想的宣传

第一,对人民军队建设理论的宣传

全心全意为人民服务是人民军队的唯一宗旨。1944年9月21日《解放日报》以新闻稿的形式,刊发了毛泽东在张思德追悼会上所作的《为人民服务》的演讲。官兵一致、军民一致和瓦解敌军是军队政治工作的三大原则。《解放日报》对此也进行了深入宣传。1944年4月15日,《解放日报》发表了八路军总政治部主任谭政在西北局高干会议上的报告《关于军队政治工作问题》,明确指出:政治工作是革命军队的生命线。《解放日报》还刊发了一系列生动有趣的通讯,如《一个连队的转变》、《指导员变了》等,很好地配合了1945年开展的尊干爱兵运动。②

第二,对人民战争思想的宣传

兵民是胜利之本,这是毛泽东军事思想的基本内容。1943年7月8日《解放日报》发表林枫的《坚持敌后抗战的晋西北根据地》,指出:只要我们党政军民密切结合起来,永远和群众在一起,则中

---

① 毛泽东:《在延安文艺座谈会上的讲话》,载《解放日报》,1943年10月19日。
② 王敬:《延安〈解放日报〉史》,新华出版社1998年版,第174页。

华民族的彻底解放和新中国的建立是一定不移的。1945年8月13日《解放日报》第四版刊载了关于原子弹的问答,题目是《原子弹绝不是万能武器,绝不过度夸大原子弹的作用》,纠正了此前对原子弹爆炸的片面报道,从另一个侧面说明了决定战争胜负的主要因素是人而不是武器。《解放日报》还全文刊登了毛泽东、朱德在七大上所作的报告,对人民战争思想进行了全面的宣传。

第三,对人民战争战略战术原则的宣传

1943年5月31日,中共中央书记处发出了《关于抗战六周年宣传工作的指示》,要求各根据地负责同志撰写纪念文章,宣传敌后抗战的伟大功绩。《解放日报》刊发了朱德、刘伯承、彭德怀、聂荣臻、陈毅、贺龙、薄一波、肖华、林枫、吕正操等所写的纪念文章,有力地宣传了敌后抗战的战略战术原则。解放战争时期,《解放日报》又通过"人民解放军将军纵论战局"的形式,对人民战争的战略战术原则进行了广泛宣传。

(五) 延安《解放日报》对毛泽东党建思想的宣传

第一,对马克思主义思想路线的宣传

《解放日报》对马克思主义思想路线的宣传主要以批判主观主义为中心而展开的。乔木的文章指出:"如果不能从思想上最后驱逐主观主义,则全党将不能成为真正的共产党,党员也将不能成为真正的共产党员。"① 1942年4月27日,《解放日报》发表了毛泽东的《整顿学风党风文风》的演说,指出:"党内的主观主义有两种:一种是教条主义,一种是经验主义。"主观主义、教条主义表现了"幼稚者的蒙昧"。所以毛泽东提出,我们要在党内发动一个"启蒙

---

① 乔木:《为什么要向主观主义宣布坚决无情的战争》,载《解放日报》,1941年9月16日。

运动"，①使我们的同志从主观主义、教条主义的蒙蔽中解放出来。此外，围绕整风运动《解放日报》还发表了大量社论。通过宣传使全党党员，特别是高级领导干部，端正了思想路线，增强了运用马克思主义立场、观点、方法解决中国革命实际问题的自觉性和能力。

第二，对加强党的团结的宣传

党的团结是党的生命，是革命事业取得胜利的基本保证。《解放日报》对加强党的团结的宣传，主要以批判宗派主义为中心展开的。在《整顿学风党风文风》中，毛泽东指出："宗派主义是主观主义在组织关系上的一种表现；我们如果不要主观主义，要发展马克思列宁主义实事求是的精神，就必须扫除党内宗派主义的残余，以党的利益高于个人和局部利益为出发点，使党达到完全团结统一的地步。"若想巩固和发展党的团结统一，就必须坚持正确的方针开展党内斗争。毛泽东把这个方针概括为"惩前毖后，治病救人"。②《解放日报》在整风宣传中，把这一方针作为重点之一，特别是在总结思想的反省阶段，发表有关这方面的文章最为集中。1942年4月到9月半年中专门论述这方面的文章，就有35篇。③

三、延安《解放日报》对毛泽东思想大众化的推动

延安《解放日报》对毛泽东思想的研究宣传，有力地推动了毛泽东思想的大众化。纵观《解放日报》推动毛泽东思想大众化的全过程，有如下几个显著特点：

---

① 毛泽东：《整顿学风党风文风》，载《解放日报》，1942年4月27日。
② 毛泽东：《整顿学风党风文风》，载《解放日报》，1942年4月27日。
③ 王敬：《延安〈解放日报〉史》，新华出版社1998年版，第219页。

(一) 利用纪念活动推动毛泽东思想大众化

把纪念活动作为重要契机来研究宣传毛泽东思想，这是《解放日报》推动毛泽东思想大众化的一个显著特点。在对坚持抗战、团结、进步的方针进行宣传时，《解放日报》抓住纪念抗战五周年的契机，先后发表《迎接七七》的社论、《中共中央委员会为纪念抗战五周年宣言》《抗战五周年纪念日蒋委员长对全国人民广播词》，7月8日第一版又发表了延安市万人空巷纪念"七七"的新闻，并发表纪念大会发出的《致蒋委员长及全国将士电》。通过集中宣传，使广大人民进一步认识到"抗日则生，不抗日则亡"，从而使中国共产党坚持抗战、团结、进步的方针深入人心。对敌后抗战的战略战术原则的宣传，同样也是抓住了纪念抗战六周年这一契机。而对毛泽东思想科学概念的界定则是抓住了"七一"纪念这一有利时机。对毛泽东文艺思想的宣传则是利用纪念鲁迅逝世7周年这一契机。

(二) 采用丰富多彩的宣传形式推动毛泽东思想大众化

把理论性文章、社论、代论、新闻、通讯、专栏、专刊、杂文、随笔等多种形式有机结合，这是《解放日报》推动毛泽东思想大众化的又一显著特点。对整顿三风的宣传，突出体现了这一特点。《解放日报》首先是发表了大量理论性文章和社论，仅1942年，就发表社论、代论37篇，论文86篇，有关学习方法的文章34篇。整顿三风的新闻报道，在《解放日报》上作战的篇幅比任何体裁都多。新闻通讯从内容到形式，新鲜多样，注意时效。1942年改版后，《解放日报》在整风学习中，办了《党的生活》专栏、《学习》专刊以及《整顿三风讨论资料特辑》，针对学习中的思想问题，有效发挥了党报特有的指导性、战斗性和组织性。在整风宣传中，如果说社论、文章、新闻、通讯多是从正面宣传，那么杂文随笔多是从侧面引导。这样相辅相成，交相辉映，提高了宣传效果。①

（三）运用通俗易懂的大众语言推动毛泽东思想大众化

运用通俗易懂的大众语言，将抽象的道理解释得深入浅出，这是《解放日报》推动毛泽东思想大众化的第三大显著特点。在宣传精兵简政时，毛泽东为《解放日报》撰写了《一个极其重要的政策》的社论。社论运用了大量生动的比喻，把该政策比喻为"褪去冬衣，穿起夏服"，以便轻快地同敌人作斗争。同时，又把八路军新四军比喻成孙行者和小老虎，要对付日本妖精或日本驴子，"目前我们须得变一变，把我们的身体变得小些，但是变得更加扎实些"②。在宣传反对教条主义时，1942年3月19日《解放日报》发表胡乔木撰写的社论《教条与裤子》，将"教条"与"裤子"这两样看似无关的事物联系起来，恰当地运用表现实际生活的群众语言，生动形象，引人深思。

综上，延安《解放日报》首次提出了"毛泽东思想"这一科学概念，初步阐释和概括了其科学内涵和体系，广泛宣传了毛泽东思想的主要内容。延安《解放日报》对毛泽东思想的研究宣传，有力地推动了毛泽东思想大众化，其做法对于今天推动当代中国马克思主义大众化亦具有借鉴意义。

---

① 王敬：《延安〈解放日报〉史》，新华出版社1998年版，第223—232页。
② 《一个极其重要的政策》，载《解放日报》，1942年9月7日。

专题二

中共纪念活动与马克思主义中国化

中国共产党的纪念活动与马克思主义中国化

【内容提要】 中国共产党的纪念活动是指为纪念重大历史事件、重要历史人物以及国际共运主要节日而举行的一系列活动。中国共产党的纪念活动促进了"马克思主义中国化"概念的广泛应用，推动了马克思主义中国化的历史进程，即纪念活动为马克思主义中国化提供了强大动力、指明了推进方向、奠定了文本基础、做好了组织与机构准备、夯实了群众基础。因此，研究马克思主义中国化不应忽视中国共产党的纪念活动这一独特视角。

一、中国共产党的纪念活动的分类

如果将民主革命时期和新中国成立后中国共产党的纪念活动作为一个整体来考察的话，笔者认为其纪念活动，从总体上可分为对重大历史事件的纪念、对重要历史人物的纪念和对国际共运重要节日的纪念三大类。

中国共产党为重大历史事件而举行的纪念活动可分为四类：一是为在我们党历史上具有"开天辟地的大事变"性质的事件而举行的一系列纪念活动，如为纪念中国共产党的成立而举行的活动。二是为具有"历史性巨变"性质的事件而举行的一系列纪念活动，如为纪念辛亥革命、中华人民共和国成立等而举行的活动。三是为国际共运史上的重要事件而进行的一系列纪念活动，如为纪念巴黎公社、十月革命等而举行的活动。四是为其他重大事件而举行的纪念活动，如为纪念五四运动、南昌起义、红军长征胜利、抗日战争胜利等而举行的活动。

中国共产党为历史人物而举行的纪念活动可分为三类：一是为纪念马克思主义经典作家而举行的一系列活动，如为纪念马克思、恩格斯、列宁、斯大林的诞辰、逝世而举行的活动。二是为纪念老一辈无产阶级革命家而举行的一系列活动，如为纪念毛泽东、刘少奇、周恩来、朱德、邓小平、陈云等的诞辰、逝世而举行的活动。三是为纪念近现代中国历史上重要人物而举行的一系列活动，如为纪念孙中山、鲁迅等的诞辰、逝世而举行的活动。

中国共产党为国际共运重要节日而举行的纪念活动，如为纪念五一国际劳动节和三八国际妇女节等而举行的一系列活动。

二、中国共产党的纪念活动与"马克思主义中国化"概念的应用

1938年10月，在党的六届六中全会上，毛泽东正式提出了"马克思主义中国化"的概念，他指出："马克思主义的中国化，使之在其每一表现中带着中国的特性，即是说，按照中国的特点去应用它，成为全党亟待了解并亟须解决的问题。"[①]此后，在我们党的纪念活动中，许多领导人和理论工作者对这一概念加以应用，并在应用的过程中加深了对这一概念的认识和理解。

---

① 《中共中央文件选集》第11册，中共中央党校出版社1991年版，第659页。

1942年7月1日，陈毅在《伟大的二十一年》纪念文章中指出：毛泽东"主张以科学头脑科学方法，对待马列主义中国化问题"，创立了"正确的思想体系"。"我们还要继续前进，马列主义理论与中国革命实践统一而正确的理解这一伟大的课题是全党的伟大事业"①。这说明陈毅已经认识到马克思主义中国化是全党的无止境的伟大事业，是一个不断发展的过程。同日，朱德也发表了《纪念党的二十一周年》的文章，在阐述"马克思主义中国化"过程中首次谈到了"中国化的马克思主义"问题。文章指出："今天我们党已经积累下了丰富的斗争经验，正确地掌握了马列主义的理论，并且在中国革命的实践中创造了指导中国革命的中国化的马列主义的理论。"②《晋察冀日报》也发表了由邓拓撰写的社论《纪念"七一"，全党学习掌握毛泽东主义》，其中说："中国共产党在二十一年的斗争中已经把马列主义民族化、中国化了。马列主义的中国化就是毛泽东主义。""毛泽东主义，就是中国马克思列宁主义。"③ 这就是说，不但要按照中国的实际灵活地运用马克思主义，而且要创造出具有中国特点的马克思主义。为纪念中国共产党成立22周年，1943年7月8日，王稼祥在《解放日报》上发表的《中国共产党与中国民族解放的道路》一文中，明确指出："毛泽东思想就是中国的马克思列宁主义，中国的布尔塞维主义，中国的共产主义。""它是创造的马克思列宁主义，它是马克思列宁主义在中国的发展。"④ 可见，民主革命时期的纪念活动已找到了概括马克思主义中国化成果即"中国化的马克思主义"的科学表述——毛泽东思想。

---

① 鲁振祥：《"马克思主义中国化"解读史若干问题考察》，载《中国特色社会主义研究》，2006年第1期。
② 朱德：《纪念党的二十一周年》，载《解放日报》，1942年7月1日。
③ 《纪念"七一"，全党学习掌握毛泽东主义》，载《晋察冀日报》，1942年7月1日。
④ 王稼祥：《中国共产党与中国民族解放的道路》，载《解放日报》，1943年7月8日。

由于各种原因，新中国成立后的很长一段时间里，马克思主义中国化概念很少使用。改革开放以来，"马克思主义中国化"这一通俗并带有中国特色的概念，被重新使用并广泛传播开来。1983年12月23日，《人民日报》发表杨献珍为纪念毛泽东诞辰90周年而写的文章，提出了"毛泽东同志是我党最早认识到必须把马克思主义中国化，就是说把它同中国革命具体实践相结合的人"①的论断。1993年12月，江泽民在毛泽东诞辰100周年纪念大会上的讲话中使用了"当代中国的马克思主义"②命题，把民族化与当代化结合起来，突出体现了马克思主义中国化的时代性特征。在纪念十一届三中全会召开20周年大会上的讲话中，江泽民再次使用了"当代中国的马克思主义"这一命题，并认为"邓小平理论是当代中国的马克思主义"③。1999年1月，尉健行在纪念瞿秋白诞辰100周年座谈会上的讲话中指出，瞿秋白"致力于马克思主义中国化，对毛泽东思想的形成作出了重要贡献"④。2001年7月1日，在庆祝中国共产党成立80周年大会上，江泽民使用了"中国化了的马克思主义"命题，指出："中国化了的马克思主义，既体现了马克思列宁主义的基本原理，又包含了中华民族的优秀思想和中国共产党人的实践经验。"⑤这一崭新的论断，既是对马克思主义发展规律的高度概括，也是对我们党80年历史经验的高度总结，从根本上揭示了马克思主义中国化的理论成果的实质及其产生的规律。2002年7月16日，江泽民在纪念中国社会科学院建院25周年座谈会上的讲话中首次使用

---

　　① 鲁振祥：《"马克思主义中国化"解读史若干问题考察》，载《中国特色社会主义研究》，2006年第1期。
　　② 《江泽民文选》第一卷，人民出版社2006年版，第349页。
　　③ 《江泽民文选》第二卷，人民出版社2006年版，第264页。
　　④ 尉建行：《在纪念瞿秋白诞辰100周年座谈会上讲话》，载《人民日报》，1999年1月30日。
　　⑤ 《江泽民文选》第三卷，人民出版社2006年版，第270页。

了"马克思主义的中国化"①的概念。2003年12月26日，胡锦涛在纪念毛泽东诞辰110周年座谈会上，多处使用了"马克思主义中国化"这一概念。此后，胡锦涛在党的纪念活动以及其他重要场合中多次使用这一概念，深刻阐明了一部中国共产党的历史就是一部马克思主义中国化的历史，并号召全党不断将马克思主义中国化事业推向前进。

三、中国共产党的纪念活动与马克思主义中国化的历史进程

（一）纪念活动为马克思主义中国化提供了强大动力

党的历史经验是宝贵的财富，重视并善于成功地总结历史经验，是中国共产党的一大特点和优势。纪念活动特别是中国共产党为重大历史事件举行纪念活动的一个目的，就是对国际共运和中国革命、建设和改革的经验进行总结。与此同时，将丰富庞杂的经验加以精练，使之理论化，集中地凸显其借鉴未来和解决时代课题的伟大力量，有力地推动了马克思主义中国化的历史进程。

为纪念十月革命11周年，1928年12月出版的《布尔塞维克》发表了《十月革命对于中国革命之经验》的纪念文章，文章从小资产阶级问题、革命转变问题、党的领导作用、革命的客观环境等方面，论述了十月革命对于中国革命的借鉴意义。1933年2月17日，中共中央发表宣言系统总结了巴黎公社的经验教训，并且认为"学习巴黎公社的经验与教训，以公社宝贵的经验来武装自己，这是纪念公社的任务，也是无产阶级争取革命胜利的必要条件。"② 1949年

---

① 《江泽民文选》第三卷，人民出版社2006年版，第492页。
② 陈金龙：《略论民主革命时期中国共产党的纪念活动》，载《中共党史研究》，2007年第6期。

6月30日，为纪念中国共产党成立28周年，毛泽东在《论人民民主专政》一文中指出："一个有纪律的，有马克思列宁主义的理论武装的，采取自我批评方法的，联系人民群众的党。一个由这样的党领导的军队。一个由这样的党领导的各革命阶级各革命派别的统一战线。这三件是我们战胜敌人的主要武器。这些都是我们区别于前人的。依靠这三件，使我们取得了基本的胜利。"① 在总结历史经验和教训的基础上，中国共产党不断推进理论创新，逐步形成了新民主主义革命理论，实现了马克思主义中国化的第一次飞跃，从而丰富了马克思主义的理论宝库。

纪念活动的开展需要借助具体形式。一般说来，纪念大会较为庄重，易形成有影响力的纪念声势。② "三个代表"重要思想的形成，就是纪念大会在对历史经验进行总结的基础上不断推进理论创新的结果。在庆祝中国共产党成立70周年大会上，江泽民在总结我党历史经验的基础上，最早提出"建设有中国特色的社会主义经济、政治、文化"的重要概念，可以说是"三个代表"重要思想的重要理论铺垫。在十五大报告中江泽民把建设有中国特色社会主义经济、政治、文化的基本目标和基本政策有机地统一起来，提升为党在社会主义初级阶段的基本纲领。1998年12月18日，江泽民在总结我国改革开放20年的经验时又把生产力问题、文化问题、人民群众利益问题摆到了同一层面，虽然还未曾提出"三个代表"重要思想，但已蕴含了"三个代表"重要思想的全部要素。2001年7月1日，江泽民在庆祝中国共产党成立80周年大会上发表了重要讲话。他在总结了建党80周年九条光辉业绩、三条基本历史经验后，最终将其归结为"必须始终代表中国先进生产力的发展要求，代表中国先进

---

① 《毛泽东选集》第四卷，人民出版社1991年版，第1480页。
② 陈金龙：《略论民主革命时期中国共产党的纪念活动》，载《中共党史研究》，2007年第6期。

文化的前进方向，代表中国最广大人民的根本利益"①。这种归结表明，"三个代表"既是"三条基本经验"的高度凝聚，同时也是中国共产党长达80年全部历史经验的最扼要的表达。它已不是对历史经验的一般归纳，而是认识上的凝练与升华，充分体现了中国共产党人敢于创新，善于创新的理论追求。可见，"三个代表"重要思想正是中国共产党通过纪念活动对历史经验的多次总结，在大胆创新的基础上，逐步提炼和升华而形成的。

（二）纪念活动为马克思主义中国化奠定了文本基础

"翻译工作尤其是马列主义经典著作的翻译工作，是党的重要任务之一。"② 中国共产党自成立之日起，就非常重视这一工作。以纪念活动为契机，中国共产党进一步推动了马克思主义经典著作翻译出版工作的开展。在马克思逝世50周年前夕，中共中央于1933年2月17日作出了《中央关于马克思逝世五十周年纪念的决议》，要求各地组织群众召开纪念大会，报告马克思学说，编译马克思主义和列宁主义理论基础等小册子③。1938年5月5日，是马克思诞生120周年纪念日，延安成立了马列学院。马列学院机构小而精，却设立了编译部，这是党的历史上第一个编译马列主义经典著作的专门机构。编译部陆续翻译了《马恩丛书》12种、《列宁选集》20种，达几百万字。④ 为纪念恩格斯诞辰120周年，1941年出版的《解放》第122期，刊载了《恩格斯传略》的译文，向中国读者介绍了恩格斯的生平。为了悼念斯大林逝世，中央编译局于1953年9月首先出

---

① 《江泽民文选》第三卷，人民出版社2006年版，第272页。
② 《中共中央关于一九四三年翻译工作的决定》，1943年5月27日。
③ 郑德荣：《毛泽东思想发展史》，吉林大学出版社1990年版，第179—180页。
④ 肖东波：《中国共产党理论建设史纲（1921—1949）》，中共党史出版社2004年版，第319页。

版了《斯大林全集》第 1 卷，到 1956 年 4 月出完 13 卷①。借助对马克思、恩格斯、列宁以及斯大林的系列纪念活动，诸多经典作家的重要文献得以编译、出版，为全党学习和掌握马克思列宁主义理论提供了宝贵的教材，对推动马克思主义在中国的传播发挥了积极的作用。马克思主义的传播是马克思主义中国化的前提和基础，没有马克思主义的传播就没有马克思主义中国化。

纪念活动过程中还编辑出版了一批老一辈无产阶级革命家的著作。《邓小平文选》（1975—1982 年）于中国共产党成立 62 周年之际出版发行。在中国人民解放军建军 56 周年之际，《朱德选集》出版发行。为纪念毛泽东诞辰 90 周年，1983 年 12 月 26 日，《毛泽东书信选集》、《毛泽东新闻工作文选》出版发行。中国共产党成立 70 周年之际，《毛泽东选集》第二版出版发行。在毛泽东诞辰 100 周年之际，《毛泽东军事文集》出版，1994 年 12 月，在毛泽东诞辰 101 周年之际出版了《毛泽东外交文选》。《毛泽东文集》的出版更是贯穿着纪念活动这一线索，毛泽东诞辰 100 周年时出版第一、二卷，毛泽东逝世 20 周年时出版第三、四、五卷，建党 78 周年之际出版第六、七、八卷。2004 年，为纪念邓小平诞辰 100 周年出版了《邓小平年谱（1975—1997）》（上、下）。这些文献的出版，为马克思主义中国化的研究提供了大量珍贵的一手资料。特别是毛泽东在社会主义时期著作的大规模公开发表，揭示了毛泽东在社会主义时期的新探索和毛泽东思想在新中国成立后的继续发展。这些珍贵的一手资料，为推动马克思主义中国化的研究，进而推动其进程都有重要的意义。

---

① 石云霞：《新中国成立以来中国共产党思想理论教育历史研究》，中国社会科学出版社 2007 年版，第 59 页。

（三）纪念活动为马克思主义中国化进行了组织与机构准备

中国共产党创立之初，即设有宣传部、中央机关报编辑委员会等机构，负责马克思主义的宣传教育。① 之后，中国共产党以纪念活动为契机，在原有的机构基础上，创办了马克思共产主义学校、延安马列学院等院校，建立了马克思主义研究院等研究机构，为推进马克思主义中国化进行了组织与机构准备。

《红色中华》报1933年3月12日，有一则"纪念科学社会主义之父！马克斯共产主义学校三月十三日开学"的报道，内容为："今年是马克斯逝世的五十周年，中央局为了纪念我们的科学社会主义的鼻祖，广泛的有系统地来传播马克斯所创造的共产主义，故集中了党团政府工会的力量，创办一个大规模的苏维埃党校，大批训练新的干部以适应目前革命的需要，彻底改造和加强党团政府工会的工作，争取战争的胜利。"② 马克思共产主义学校的设立，为广大学员学习和研究马克思主义提供了重要的基地，培养了一大批具有较高马克思主义理论水平和实际工作能力强的干部。

抗日战争时期，"普遍地深入地研究马克思列宁主义的理论的任务，对于我们，是一个亟待解决并须着重地致力才能解决的大问题。"③ 正是在这样的历史条件下，1938年5月5日，即马克思诞辰120周年纪念日，延安马列学院成立。刘少奇的《论共产党员的修养》、陈云的《怎样做一个共产党员》，都是为马列学院学员作的报告。毛泽东这一时期的重要文章，马列学院都要组织学员认真学习

---

① 童小彪、陈金龙：《中国共产党的纪念活动与马克思主义中国化——以新民主主义革命时期经典作家纪念活动为中心的考察》，载《思想理论教育导刊》，2007年第11期。

② 《纪念科学社会主义之文！马克斯共产主义学校三月十三日开学》，载《红色中华》，1933年3月12日。

③ 《毛泽东选集》第二卷，人民出版社1991年版，第533页。

和讨论。通过学习和研究，学员们受到了马列主义基础知识的教育，深入了解中国社会情况，对党在抗战时期的路线、方针和政策有了比较清醒的认识，对党的新民主主义理论和政策也有了比较全面的了解。延安马列学院"是我党创建的第一所攻读马列主义理论的比较正规的学校，对提高党的理论水平作出了很大的贡献"①，此后相继改为马列研究院、中共中央研究院等，作为培养党的理论干部的高级研究机构，直属中共中央宣传部。进入新世纪，加强马克思主义理论研究，巩固马克思主义在意识形态的指导地位，成为时代的要求、历史的使命。2005年12月26日，在毛泽东同志诞辰112周年之际，中国社会科学院马克思主义研究院正式成立。马克思主义研究院是中国社会科学院新组建的专门从事马克思主义研究的科研机构。它的成立将有助于加强马克思主义指导地位，贯彻中央关于加强党的思想理论建设的方针；将有助于用发展着的马克思主义指导新的实践，丰富和发展中国特色社会主义理论，从而将马克思主义中国化的事业不断推向前进。

（四）纪念活动为马克思主义中国化夯实了群众基础

纪念活动是一种政治仪式，也是一种政治象征。"仪式与象征既可以表达权威，也可以创造和再造权威。"② 我们党对马克思主义经典作家的纪念，本身就是对经典作家权威的肯定，对马克思主义价值的推崇。通过纪念活动，在民众中确立了经典作家的权威地位，强化了民众对马克思主义的价值认同，加速了马克思主义的大众化，从而为推进马克思主义中国化夯实了群众基础。

1938年，在马克思诞辰120周年之际，《新华日报》发表《纪

---

① 吴介民：《延安马列学院回忆录》，中国社会科学出版社1991年，第1页。
② 郭于华：《仪式与社会变迁》，社会科学文献出版社2000年版，第342页。

念马克思与孙中山》的社论,指出:马克思"是中国人民最热烈的同情者","是第一个用科学的方法研究中国问题和中国社会的理论家和政治家"。他研究过"鸦片贸易"和"鸦片战争",同情太平天国和中国人民的反侵略斗争,科学分析了中国社会的经济结构和对外贸易,"指出中国人民的奋斗目标——'中华民国——自由平等博爱'"①。这种介绍,拉近了中国民众对马克思主义与中国革命的空间距离,强化了中国民众对马克思主义的亲近感、认同感。列宁逝世21周年纪念之时,《新华日报》从谦逊、逻辑力量、不灰心、不骄矜、原则性等方面,概括了列宁的崇高品格。这些介绍,有助于民众了解经典作家的生平与品格,产生对经典作家的敬仰,让民众在感情上愿意接受马克思主义,在行动上自觉以马克思主义为指南。②"最高限度的马克思主义=最高限度的通俗化。"③ 中国共产党在纪念活动中,通过运用报纸、广播影视、网络等大众传媒以及演讲、演出、知识竞赛等各种群众喜闻乐见的具体形式,把深刻系统的马克思主义理论,变为通俗易懂的行动指南,使理论接近民众、掌握民众。2004年8月,在纪念邓小平诞辰100周年时,推出《百年小平》电视纪录片,中央电视台等媒体于2004年先后推出永远的丰碑、红色记忆等纪念专题,把纪念活动推向生活化和大众化,④ 人们在形象地感受邓小平丰功伟绩的同时,进一步加深了对邓小平理论这一当代中国的马克思主义的理解。通过纪念活动这种仪式和象征的运作,国家权力与政治力量深刻而透彻地嵌入于普通民众的日常生活之中。

---

① 《纪念马克思与孙中山》,载《新华日报》,1938年5月5日。
② 童小彪、陈金龙:《中国共产党的纪念活动与马克思主义中国化——以新民主主义革命时期经典作家纪念活动为中心的考察》,载《思想理论教育导刊》,2007年第11期。
③ 《列宁全集》第36卷,人民出版社1959年版,第467页。
④ 胡国胜:《建国以来中国共产党的纪念活动探析》,载《党史研究与教学》,2008年第1期。

中共早期纪念活动与马克思主义中国化

【内容提要】中国共产党在早期举行了多种形式的纪念活动,既包括对重大历史事件、重要历史人物的纪念,又包括对国际共运主要节日的纪念。纪念活动对马克思主义的内容与品格、列宁主义的涵义与体系以及马克思主义理论与实践相结合的原则等进行了较为详细的阐释,对近代中国革命的性质与前途、中国革命的动力与对象、无产阶级的领导权、革命统一战线等问题进行了较为深入的分析。纪念活动为马克思主义中国化提供了源头活水、强大动力和群众基础,有力地推动了马克思主义中国化的历史进程。

纪念活动是一种政治仪式,也是一种政治象征,有其独特的政治功能。[①] 中国共产党在早期举行了多种形式的纪念活动,对马克思列宁主义进行了较为详细的阐释,对中国革命进行了较为深入的分析,有力地推动了马克思主义中国化的历史进程。

一、中共早期纪念活动概述

中国共产党在早期举行了多种形式的纪念活动,既包括对重大

---

① 陈金龙:《略论民主革命时期中国共产党的纪念活动》,载《中共党史研究》,2007年第6期。

历史事件、重要历史人物的纪念，又包括对国际共运主要节日的纪念。

（一）对重大历史事件的纪念

1. 对辛亥革命的纪念

在近代历史上，辛亥革命是中国人民为救亡图存、振兴中华而奋起革命的一个里程碑，它使中国发生了历史性的巨变。建党初期，为总结辛亥革命的经验教训，推动中国革命的进程，中国共产党高度重视对辛亥革命的纪念，举行了多种形式的纪念活动。1922年10月10日，在辛亥革命纪念日，中共北京地委组织了反军阀的国民大会和示威游行。参加的有工人、学生以及市民，在游行时，散发了中共北京地委印发的《敬告国人书》和《敬告劳动者书》。文告指出："惟有'革命'是救中国的方法！"号召大家起来进行斗争。1924年10月8日，《向导》出版"双十特刊"，总结了辛亥革命失败的原因和教训，并指出了之所以要做这些痛楚的回顾，目的是"前事不忘，后事之师！"10月10日，上海、广州等地又举行了纪念辛亥革命13周年的民众大会。

2. 对近代中国反帝爱国运动的纪念

义和团反帝爱国运动在粉碎帝国主义瓜分中国的斗争中，发挥了重大的历史作用。1924年9月3日，《向导》出版"九七特刊"，批评了一般人对于义和团的两个错误观念——"憎恶义和团是野蛮的排外"；"以为义和团事件是少数人之罪恶，列强不应因少数人之故惩罚全中国人民以巨额负担。"① 翌年9月7日，《向导》发表瞿秋

---

① 《陈独秀文章选编》中，生活·读书·新知三联书店1984年版，第574—575页。

白的文章称赞：义和团"这种反抗精神是非常可敬的"。① 五四运动是中国近代史上一个划时代的事件。1924年5月4日，中共领导的天津学生联合会举行纪念五四运动五周年大会。蔡和森在会上作了反帝为主题的演说，受到青年热烈欢迎。1925年5月3日，《向导》发表署名双林的文章《五四纪念与民族革命运动》，高度评价了五四运动的历史意义，认为"五四运动爆发，在世界史上实在是分划中国之政治经济思想等为前后两时期的运动"②。在五卅运动一周年到来之际，1926年5月30日，中共中央发表《五卅周年纪念告全国民众》，强调指出：五卅纪念"不是垂头叹气的纪念，应该是挺身奋起的悲愤纪念。"③

3. 对国际共运重大事件的纪念

为总结十月革命的经验，赢得苏联对于中国革命的支持，中国共产党通过召开纪念大会、出版纪念专号、发表纪念文章等多种形式，对十月革命开展了大规模纪念活动。1922年11月7日是十月革命五周年纪念日。北京、山西、湖北、上海、湖南等地市民和学生热烈举行纪念活动。同日，《晨报》副刊出版了《俄国革命纪念》专号，这是中国报刊上第一次出专号纪念这个伟大的节日。1924年11月，《向导》出版"十月革命特刊"，明确指出：全世界的工人们、农人们和被压迫民族要想解放自己，只有起来研究列宁主义，实行列宁主义，努力继续十月革命的工作。在巴黎公社55周年之际，1926年3月18日，在中国共产党人的倡导下，在广州首次举行了纪念巴黎公社的盛大活动。这一天的《工人之路》为巴黎公社纪念号在头版刊登了中华全国总工会发表的文告和有关纪念文章，

① 《瞿秋白选集》，人民出版社1985年版，第203页。
② 周永祥：《瞿秋白年谱新编》，学林出版社1992年版，第148页。
③ 《中共中央文件选集》第2册，中共中央党校出版社1989年版，第138—139页。

而第四版上的"工人俱乐部"专版也改辟为"纪念巴黎公社"特号并刊登了有关纪念文章。

(二) 对重要历史人物的纪念

1. 对马克思主义经典作家的纪念

在马克思主义经典作家的生辰忌日，中国共产党发起、组织了一系列相关纪念活动。1922年5月5日是马克思诞辰104周年纪念日。在党中央的直接领导下，全国各地党、团组织和进步团体都纷纷开展纪念活动，如召开纪念大会、举行演讲会和讨论会，出版纪念专刊或发表纪念文章等，掀起了一个自中国人知道马克思及其学说以来规模最大、范围最广的纪念和宣传马克思的活动。① 1924年1月21日列宁逝世。3月30日，李大钊在北京主持召开"中华民国国民追悼列宁大会"，会上还散发了《列宁纪念册》。第二年，在列宁逝世一周年的日子里，中共四大通过了《中国共产党第四次大会对于列宁逝世一周年纪念宣言》，明确指出："列宁主义就是资本帝国主义专权时代的马克思主义，是消灭帝国主义的唯一武器"，"我们只有站在列宁主义的旗帜之下，实行列宁主义，与全世界的工农阶级联合起来去消灭世界帝国主义。"② 1925年1月21日《向导》第99期，出版"列宁逝世一周年纪念特刊"，发表《列宁与中国》、《殖民地被压迫人民所应纪念的列宁》、《1905年的列宁》以及《列宁不死》等纪念文章。

2. 对孙中山的纪念

1925年3月12日，孙中山在北京病逝。3月15日，中央执行

---

① 《马克思恩格斯著作在中国的传播》，人民出版社1983年版，第263页。
② 《中共中央文件选集》第1册，中共中央党校出版社1989年版，第397页。

委员会发表《中国共产党为孙中山之死告中国民众》、《中国共产党致唁国民党》，沉痛悼念孙中山先生。3月21日，《向导》第107期出版"孙中山特刊"，驳斥了帝国主义与军阀的"孙中山死了，中国革命也就完了"的叫嚣，明确指出："孙中山之死，在中国革命的主观条件上，诚然是一个严重的损失，因为丧亡了一个具有伟大权威的唯一领袖。但若中国革命的客观情形依然存在，则中国革命运动也要依然存在，而决不会随着中山个人之死亡而死亡。"① 3月25日，中共中央执行委员会为孙中山之死，吊唁中国国民党中央执行委员会，表示对孙中山先声的敬意和忠实的承继中山先生志愿的信念。4月4日，中共中央发出第19号通告《宣传孙中山遗言，发展国民党左派力量》。翌年，中共中央又在孙中山逝世周年纪念日发表《告中国国民党党员书》，称当前有两件"最痛心的事"，"一是国民党左右派之分裂，一是反赤运动之高涨"②，因此"极诚恳的劝告"·国民党右派"继续中山先生的革命政策"，③ 来努力担负中国民族革命的工作。

3. 对革命先烈的纪念

对于为中国革命而英勇献身的先烈，中共举行了相关纪念活动，一则寄托哀思，一则激励后人。④ 1922年1月17日，湖南劳工会的黄爱、庞人铨因领导湖南第一纱厂工人罢工，被省长赵恒惕杀害。3月26日，黄、庞追悼大会在上海举行。大会号召"国民全体应共同协力，一体具反抗之精神，与军阀及外力奋斗"。⑤ 1926年3月23日，北京市举行"三一八"死难烈士追悼大会，会场上悬挂着"先

---

① 《蔡和森文集》上，湖南人民出版社1978年版，第365页。
② 《中共中央文件选集》第2册，中共中央党校出版社1989年版，第73页。
③ 《中共中央文件选集》第2册，中共中央党校出版社1989年版，第79页。
④ 陈金龙：《略论民主革命时期中国共产党的纪念活动》，载《中共党史研究》，2007年第6期。
⑤ 唐宝林、林茂生：《陈独秀年谱》，上海人民出版社1988年版，第163页。

烈之血，革命之花"八个大字。会上，有的爱国青年咬破手指，扯下衣襟，用鲜血写下自己的誓言，与会群众都受到深刻的教育。逢"二七"惨案纪念时，中共早期领导人及理论家也分别发表文章以示对烈士的悼念。

（三）对国际共运主要节日的纪念

1922年，在"五一"劳动节当天，第一次全国劳动大会在广州召开。1925年4月26日，《向导》第112期出版"五一特刊"，刊发了蔡和森的两篇纪念五一的文章，还刊载了《中国共产党一九二五年"五一"告中国工农阶级及平民》和《中国共产党给第二次全国劳动大会的信电》，热情讴歌蓬勃发展的全国工农运动。① 1925年5月1日上午，第二次全国劳动大会的全体代表和出席广东省第一次农民大会的代表及广州工人、四郊农民、革命士兵、学生共十万余人，举行了盛大游行。下午，工农兵代表联席会议通过了《工农兵大联合决议》，一致认定"打倒军阀和国际帝国主义的革命，解放劳苦群众的革命，只有工农兵一致团结，才能成功"。② 中国妇女解放运动是中国革命的一个重要组成部分。1924年3月8日，中国妇女在广州召开了第一次群众性的"三八"妇女节庆祝大会。大会痛斥了封建主义、帝国主义对妇女的双重压迫，号召妇女奋起革命，会后还举行了示威游行。

二、中共早期纪念活动对马克思列宁主义的阐释

中国共产党成立后，以纪念活动为契机，通过举行集会、出版

---

① 李永春：《蔡和森年谱》，湘潭大学出版社2008年版，第197页。
② 李永春：《蔡和森年谱》，湘潭大学出版社2008年版，第198页。

特刊、发表文章等方式对马克思主义的内容与品格、列宁主义的涵义与体系以及马克思主义理论与实际相结合这一原则等进行了阐释,有力地宣传了马克思列宁主义,为马克思主义中国化打下了理论基础。

(一) 对马克思主义内容与品格的阐释

唯物史观是马克思主义学说的理论基础。以纪念活动为契机,陈独秀、李大钊等中国共产党早期领导人对唯物史观进行了详细阐释。1924年2月2日,陈独秀在《列宁之死》的纪念文章中,阐述了领袖人物在历史上的作用,指出:"个人的主观意志无论如何伟大,决不能创造客观上绝对不可能的东西","个人的意志固然不能创造客观上不可能的东西,而在客观上可能的范围以内,却有个人意志回旋的余地,并且必须有此个人的努力及天才的创见,这客观上的可能才能够适当的实现。人们的意志是人们物质的生活关系造成的,人们的历史是人们贪欲无厌的意志造成的;这是我们所相信之历史的唯物论和机械的唯物论不同之点。"[①] 李大钊在纪念马克思诞辰的文章中,提倡大家"应该细细的研考马克思的唯物史观,怎样应用于中国今日的政治经济情形",并感慨"马克思的学说真是拯救中国的导星"。[②] 在集中关注马克思主义的唯物史观的同时,中共早期的纪念活动也不同程度地对阶级斗争学说、社会主义理论等进行了宣传和研究。1922年5月,蔡和森在《先驱》第7期上发表纪念"五一"的文章,提出工人阶级争取解放的"惟一的方法,就只有实行阶级争斗与社会革命","由继续不停的阶级争斗,酿成总解决的社会革命,实行取消阶级,建筑共同生产共同消费的共产主

---

① 《陈独秀文章选编》中,生活·读书·新知三联书店1984年版,第407页。
② 《李大钊全集》第四卷,人民出版社2006年版,第397—398页。

义社会",这就是领导运动的根本原则。① 就马克思主义的理论品格,陈独秀在纪念马克思的演讲中将其概括为两条精神:第一,"实际研究的精神"。他说:"马克思搜集了许多社会上的事实,意义证明其原理和学说。所以现代的人都称马克思的学说为科学的社会学,因为他应用自然科学归纳法研究社会科学。"第二,"实际活动的精神"。他说:"马克思所以与个别社会主义者不同,因为他是个革命的社会主义者。凡能实施活动者才可革命,不是在屋里饮茶吸烟,研究其学理,便可了事,这是研究孔子、康德的学问一样罢了。"② 陈独秀对马克思主义理论品格的这两点概括十分精辟和准确,触及到了马克思主义的实质。③

(二) 对列宁主义涵义与体系的阐释

列宁逝世后,为了将列宁的事业以及联俄政策进行下去,中共早期的纪念活动对列宁主义进行了深刻诠释。首先是对列宁主义的涵义进行了诠释。1924 年 11 月 7 日,彭述之在《十月革命与列宁主义》的纪念文章中指出:列宁主义"就是解放无产阶级,解放农民,和解放被压迫民族之理论与策略。换言之,即无产阶级革命,农民革命和被压迫民族革命之理论与策略,——试验过的理论与策略。"④ 1925 年中共四大对于列宁逝世一周年纪念宣言中强调指出:"列宁主义就是资本帝国主义专权时代的马克思主义,是消灭帝国主义的唯一武器。"⑤ 1925 年 4 月 22 日《新青年》第 1 号发表瞿秋白纪念列宁的文章《列宁主义概论》,又从列宁主义与马克思主义之

---

① 《蔡和森文集》上,湖南人民出版社 1978 年版,第 57—58 页。
② 《陈独秀文章选编》中,生活·读书·新知三联书店 1984 年版,第 177—178 页。
③ 肖东波:《中国共产党理论建设史纲 (1921—1949)》,中共党史出版社 2004 年版,第 47 页。
④ 《彭述之选集》第一卷,香港十月书屋 1983 年版,第 166 页。
⑤ 《中共中央文件选集》第 1 册,中共中央党校出版社 1989 年版,第 397 页。

间的关系角度对列宁主义的涵义作了进一步概括,指出:列宁主义是发展了的马克思主义,"列宁主义之中有许多成分是马克思主义中原来所没有的,或者虽有却很不详尽,远未发展的"。① 其次是对列宁主义的体系内容进行了初步概括。瞿秋白在《列宁主义概论》一文中,从"列宁主义的历史的根源""列宁主义的方法""列宁主义与理论""列宁的无产阶级革命论""无产阶级独裁制论""列宁主义与无产阶级的政党"② 等方面,对列宁主义作了简要的概括。

(三) 对马克思主义理论与实际相结合这一原则的阐释

1922 年,陈独秀在阐述马克思学说和行为的两大精神时,就明确指出:"我们研究他的学说,不能仅仅研究其学说,还须将其学说实际去活动,干社会的革命。"③ 即便是 1926 年陈独秀犯了严重的右倾错误,但在为五卅运动周年而写的纪念文章《世界革命与中国民族解放运动》中,他仍然注重号召中国的革命者,"不但要懂得本国的真实状况即其历史发展到了甚么阶段,并且要懂得世界的真实状况即其历史发展到了甚么阶段,更要懂得本国和所处的世界之革命的关系是什么一种形势。懂得了这些,然后所定革命的策略及行动,才适合实际,才不至于落后或空想。"④ 陈独秀作为幼年党的领袖,其宣传和提倡理论与实际结合的精神,在当时的影响力是不可低估的。虽然陈独秀忽视了对系统理论学习的号召,但已经初步蕴涵了马克思主义中国化的要旨,对早期党尝试运用马克思主义去解决实际革命问题起到了重要的推动作用。⑤

---

① 周永祥:《瞿秋白年谱新编》,学林出版社 1992 年版,第 143 页。
② 周永祥:《瞿秋白年谱新编》,学林出版社 1992 年版,第 143 页。
③ 《陈独秀文章选编》中,生活·读书·新知三联书店 1984 年版,第 178 页。
④ 《陈独秀文章选编》下,生活·读书·新知三联书店 1984 年版,第 218 页。
⑤ 孔朝霞:《马克思主义中国化的早期探索研究》,2009 年东北师范大学博士学位论文。

在中共早期的纪念活动中，其他一些马克思主义者也对"结合"的必要性有了一定程度的认知。瞿秋白在《列宁主义概论》中高度评价了列宁"应运马克思主义实行十月革命，成立世界上第一个社会主义国家"；又说，"应用马克思主义于世界范围内的实际的阶级斗争"并获得"如此的成功"，这是"列宁的特点"。① 进而指出：理论是各国工人运动经验的综合。当然革命的理论必须和革命的实践相密切联结起来，否则理论便成了空谈。

三、中共早期纪念活动对中国革命的分析

中共早期的纪念活动在对马克思列宁主义进行阐释的同时，又对中国革命的性质与前途、中国革命的对象与动力、无产阶级领导权以及革命统一战线等问题进行了较为深入地分析。

（一）对中国革命性质与前途的分析

1923年"五一"劳动节前后，陈独秀、蔡和森分别发表文章对中国革命的性质进行了阐释。4月25日，陈独秀在《向导》发表《资产阶级的革命和革命的资产阶级》的文章。文章通过分析鸦片战争以来列强对华历次战争及其引发的中国人民的历次革命运动，指出"观察过去及现在的革命运动，确是资产阶级的民主革命"，这种资产阶级民主革命的性质是由"半殖民地的中国社会状况"②需要决定的。5月2日，蔡和森在《向导》发表《中国革命运动与国际之关系》。文章通过比较英法等资本主义先进国与中国等殖民地及半殖民地走上资本主义道路上的区别，进而说明了两者民主革命

---

① 周永祥：《瞿秋白年谱新编》，学林出版社1992年版，第143页。
② 《陈独秀文章选编》中，生活·读书·新知三联书店1984年版，第256页。

内涵的不完全相同。"各资本主义先进国的民主革命,可说完全是对内的革命,他的敌人只有一个,就是封建阶级;殖民地及半殖民地的革命则不然,不仅是对内的革命而且是对外的革命,他的敌人有两个,一是封建阶级,一是外国帝国主义",其性质"已不是纯粹资产阶级民主革命的问题,事实上业已便成为国民革命(亦可称民族革命)的问题"。① 这一论述实际上已经说明中国革命是新式的资产阶级民主革命即新民主主义革命的性质。

中国革命的这一性质也就决定了中国革命的前途是社会主义而不是资本主义。1925年4月26日,蔡和森在《向导》"五一特刊"发表《今年五一之中国政治状况与工农阶级的责任》一文,指出:"民族革命之客观的趋势,终于要超过资产阶级民主制的范围,因为他的最后胜利是与世界资本帝国主义不两立的。"② 1927年1月21日,彭述之发表纪念列宁的文章《列宁主义是否不适合于中国的所谓"国情"》,明确指出:中国的革命"始终是反帝国主义的革命,是世界革命的一部分。并且这个革命绝不限于民族的德谟克拉西,必须是很快的向社会主义革命方面走。"③ 也就是说中国革命的前途是社会主义。

(二) 对中国革命对象与动力的分析

中国革命的性质决定了中国革命的任务是反帝反封建,这是中国人民两个最主要的敌人。1925年3月21日,蔡和森在悼念孙中山的文章《孙中山逝世与国民革命》中指出:"中国国民革命的特性是一面打倒国际资本帝国主义,一面打倒为其工具的中国军阀。这

---

① 《蔡和森文集》上,湖南人民出版社1978年版,第187—188页。
② 《蔡和森文集》上,湖南人民出版社1978年版,第387页。
③ 《彭述之选集》第一卷,香港十月书屋1983年版,第225页。

种特性是由什么决定的呢？是由中国的国际情形决定的。"① 也就是说是由中国半殖民地半封建的基本国情决定的。建党初期的纪念活动还对帝国主义侵略中国的罪行进行了深刻揭露，对中国人民反抗帝国主义侵略的正义斗争给予了热情洋溢的歌颂。瞿秋白在《义和团运动之意义与五卅运动之前途》的纪念文章中指出："帝国主义的侵略、外货的输入、原料的吸收，使中国旧时的经济逐渐破产，手工业及农民经济破产，其结果游民一天一天的多起来，这些破产的农民，迫于经济上的困苦，本能的发生反抗帝国主义者的思想。""他们这种反抗精神是非常可敬的。况且，他们的反抗又是帝国主义者高压的侵略政策所必然要逼迫出来的。"②

分清敌友是革命的首要问题。既然中国革命的对象是帝国主义和封建军阀，那么，靠谁来进行这场革命呢？中共早期的纪念活动对这个问题进行了明确回答。蔡和森在《今年五一之中国政治状况与工农阶级的责任》的纪念文章中明确指出："由沙面罢工、商团事件、广宁农潮，以及一年来各种各色的反革命丑剧证明，只有工农阶级是忠于反帝国主义和民族革命的台柱子。"③ 在《今年五一之广东农民运动》一文中，蔡和森认为："广东农民运动不仅是全国农民运动的先导，而且最足以显明工农阶级参加国民革命的影响与特征。"④ 这些见解非常明确地指出了工农群众是革命的主力军，是革命的主要动力。

（三）对无产阶级领导权的分析

无产阶级掌握资产阶级民主革命的领导权，是区分新、旧民主

---

① 《蔡和森文集》上，湖南人民出版社1978年版，第371页。
② 《瞿秋白选集》，人民出版社1985年版，第203页。
③ 《蔡和森文集》上，湖南人民出版社1978年版，第387页。
④ 《蔡和森文集》上，湖南人民出版社1978年版，第389页。

主义革命的主要标志，亦是新民主主义革命理论的核心内容。中共早期的纪念活动对这一问题进行了较为科学地论证。

首先，纪念活动对工人阶级的先进性进行了论证。"二七"惨案两周年时，陈独秀发表的文章《中国国民革命运动中的工人力量》指出：工人阶级"是新生产力的代表者，他是富于集合力及决战力者，他是天然的农民之同盟者"，"中国工人阶级是一个不妥协的革命阶级"，"中国国民革命运动中，若没有工人阶级有力的参加奋斗，决没有得到胜利的可能。"① 彭述之也在当天发表《二七斗争之意义与教训》指出：二七斗争充分表现了中国工人阶级之"伟大的团结一致的精神"以及"最勇猛的奋斗精神和伟大的牺牲精神"，"中国工人阶级由二七斗争的证明，是中国民族革命之唯一的先锋队、领导者"②。

其次，纪念活动明确提出了必须与资产阶级争夺领导权。1925年5月，《中国工人》第5期发表邓中夏的《劳动运动复兴期中的几个重要问题》的文章，强调了无产阶级同资产阶级争夺民主革命领导权的极端重要性。他说："无产阶级参加国民革命，不是附属什么资产阶级而参加，乃是以自己阶级的目的而参加"。"假使我们不努力，听资产阶级安然去取得一切权力，那末我们将来的命运一定会更坏。"邓中夏提醒全党："政权不是从天外飞到我们工人手中的，是要我们从实际斗争去一点一滴的以至于全部的取舍。政权我们不取，资产阶级会去取的。"③ 这一分析实际上说明了尽管资产阶级不能领导中国革命取得胜利，但是这并不意味着它会放弃领导权。相反，它在与无产阶级联合起来进行民主革命时，必然要千方百计地争夺领导权。因此，无产阶级及其政党一定要保持清醒头脑，时刻

---

① 《陈独秀文章选编》下，生活·读书·新知三联书店1984年版，第11—12页。
② 《彭述之选集》第一卷，香港十月书屋1983年版，第197—198页。
③ 《邓中夏文集》，人民出版社1983年版，第128—130页。

警惕资产阶级来夺取领导权。

(四) 对革命统一战线的分析

建立革命的统一战线是马克思主义的一个基本原则。中共早期的纪念活动首先对组建革命统一战线的必要性进行了分析。蔡和森在《中国革命运动与国际关系》一文中指出：中国民主革命的特性是"一面打倒国内的封建势力，一面反抗外国帝国主义；在这种立场上，殖民地的无产阶级所以可以与革命的资产阶级结成联合战线"，而且必须建立联合战线，否则"将使革命运动中途夭殇"①。革命统一战线不仅包括国内的革命统一战线，而且还包括国际的革命统一战线。蔡和森在《孙中山逝世与国民革命》的纪念文章中强调："中国革命是世界革命之一部份，联合苏俄及世界无产阶级是中国革命成功的重要条件。"② 邓中夏在《劳动运动复兴期中的几个重要问题》一文中也告诫："假使我们工人阶级不超过国界联合起来对付资本家，我们真会死无葬身之地了。"③

其次，纪念活动对工农联合问题进行了分析。邓中夏在《劳动运动复兴期中的几个重要问题》一文中，认为："工人与农民，因地位关系，利害关系，可说是天然的同盟者。我们工人固然不能忽略了城市劳动者之紧紧的团结，然而为增厚援军以打倒共同敌人，亦不能忽视了与乡村中农民之紧紧的联合，因为农民占全国人口百分之八十，其数量远远超过我们数百倍以上。我们工人阶级要领导中国革命至于成功，必须尽可行的系统的帮助并联合各地农民逐渐从事于经济的和政治的斗争。假使没有这种努力，我们希望中国革

---

① 《蔡和森文集》上，湖南人民出版社1978年版，第188页。
② 《蔡和森文集》上，湖南人民出版社1978年版，第371页。
③ 《邓中夏文集》，人民出版社1983年版，第133页。

命成功以及在国民革命中取得领导地位,都是不可能的。"① 这一认识,实际上已经表达了在革命统一战线中工农联盟是基础的思想。

再次,纪念活动对资产阶级的两面性进行了分析。蔡和森在《今年五一之中国政治状况与工农阶级的责任》的纪念文章中指出:"资产阶级参加民族革命的倾向与无产阶级参加民族革命的倾向是完全不同的。无产阶级是要求彻底解除资本主义帝国主义的经济羁轭政治羁轭的;资产阶级只要帝国主义肯把其特权让一部份给他们,他们老早就准备与帝国主义妥协了。"因此,无产阶级在革命的过程中,既要同民族资产阶级建立革命的统一战线,又要同民族资产阶级的软弱性、妥协性作斗争,不要忘记自己的责任,"一面应为民族独立的共同利益奋斗,同时应为本阶级的特殊利益奋斗。怎样才能完成这种重大的责任?第一要有明白的阶级意识,第二要有独立的经济组织和政治组织。"②

四、中共早期纪念活动对马克思主义中国化历史进程的推动

中共早期的纪念活动极大地推动了马克思主义中国化的历史进程,为马克思主义中国化提供了源头活水、强大动力和群众基础。

(一)中共早期纪念活动为马克思主义中国化提供了源头活水

马克思主义理论的中国化首先要求经典著作文本的中国化。以纪念活动为契机,中国共产党推动了马克思主义经典著作翻译出版工作的开展。为纪念马克思诞辰 104 周年,中国劳动组合书记部举

---

① 《邓中夏文集》,人民出版社 1983 年版,第 131—132 页。
② 《蔡和森文集》上,湖南人民出版社 1978 年版,第 386—387 页。

行了盛大的纪念会,同时,还专门编辑出版了《马克思纪念册》。这是我国出版的第一个马克思纪念册,纪念册内节译了威廉·李卜克内西的《马克思传》。北京《晨报》副刊出版了"马克思纪念专号",刊载了四篇介绍马克思生平和学说的文章。① 人民出版社也以此为契机,出版马克思全书2种、列宁全书5种、共产党丛书7种。1924年1月21日列宁逝世。北京召开了"国民追悼列宁大会",会后编印了特刊,并印刷了《列宁纪念册》,全文刊载了列宁《论粮食税》的译文。此后,广州出版的《新青年》季刊还集中发表了列宁五篇有关民族殖民地问题的文章。借助纪念活动,诸多经典作家的重要文献得以编译、出版,为马克思主义中国化奠定了坚实的文本基础,为党的理论创新提供了源源不断的思想资源、理论基础、源头活水。

(二) 中共早期纪念活动为马克思主义中国化提供了强大动力

中共早期纪念活动的一个重要目的,就是对国际共运和中国革命的经验进行总结。中国共产党通过纪念活动对历史经验进行总结的基础上,敢于创新,善于创新,为推动马克思主义中国化历史进程提供了强大动力。1925年2月2日,《向导》周报出版纪念"二七"惨案两周年特刊。陈独秀、蔡和森、瞿秋白、彭述之等主要作者都一致宣言,必须以1923年"二七惨案"为基本教训,夺取无产阶级领导权。为纪念巴黎公社55周年,张太雷在纪念大会上作了题为《巴黎公社纪念日》的报告,系统总结了巴黎公社的经验教训,并强调指出,中国无产阶级也必须从巴黎公社和中国工人运动的经验教训中,引出值得注意的教训。从对二七惨案、巴黎公社等的纪

---

① 《马克思恩格斯著作在中国的传播》,人民出版社1983年版,第264页。

念中，中国共产党吸取了有益的经验和教训。在总结历史经验和教训的基础上，中国共产党不断推进理论创新，逐步形成了新民主主义革命理论，实现了马克思主义中国化的第一次飞跃，从而丰富了马克思主义的理论宝库。

（三）中共早期纪念活动为马克思主义中国化提供了群众基础

传单和小册子是一种针对普通群众和一般党员的比较好的宣传形式。中国共产党以纪念活动为契机，将传单和小册子作为对工人和市民进行宣传的重要形式。据1922年6月23日陈独秀给共产国际的报告记载：5月5日，全国共产党所在地都开马克思纪念会，分散马克思纪念册二万本；"双十节"发布传单三千份；"五一节"发传单二种，每种二千册；黄庞追悼会发传单二种，每种一千册。[①] 在纪念大会上，用标语布置会场，可以扩大宣传声势，营造良好的会场氛围。1925年3月8日下午，北京召开国际妇女节纪念大会。会场周边墙上张贴着许多标语，如"争回人格"、"向民家妇女方面做去"、"同等教育"、"同等工值"。整个会场"于整齐之中，寓一种严肃振奋气象"[②]。"标语口号具有强烈的宣传鼓动功能，语言明晰、简介、通俗、有利，表达一种亢奋的情绪，易于传播和流行。因此运用于公众仪式场合，表达呼口号者坚定的思想信念，或张贴于公共场所，具有冲击人们视觉、强化民众记忆的传播功能。"[③] 中共早期的纪念活动通过印发传单和小册子、制作标语和口号等方式，向群众宣传了马克思主义理论和中国共产党的主张，从而为马克思主义中国化提供了群众基础。

---

① 参见《中共中央文件选集》第1册，中共中央党校出版社1989年版，第48—51页。
② 孔寒冰、许宝友：《国际妇女节考》，北京大学出版社2004年版，第126页。
③ 陈蕴茜：《崇拜与记忆》，南京大学出版社2010年版，第251页。

中国共产党的纪念活动与毛泽东思想

【内容提要】 中国共产党自成立以来举行了多种形式的纪念活动。纪念活动首次提出了"毛泽东思想"这一科学概念,科学界定了其内涵,系统概括了毛泽东思想科学体系的主要内容,极大推动了毛泽东思想的形成与发展。深入研究毛泽东思想不应忽视纪念活动这一视角。

中国共产党自成立以来,举行了多种形式的纪念活动,既有对重大历史事件、重要历史人物的纪念,又有对主要节日的纪念。纪念活动有其独特的政治功能,它对毛泽东思想科学概念的形成与界定、科学体系的概括以及推动毛泽东思想的形成与发展都发挥了积极的作用。

一、纪念活动与毛泽东思想科学概念的形成与界定

(一)纪念活动与毛泽东思想科学概念的形成

毛泽东思想作为一个科学概念,其形成经历了一个比较长的酝

酿过程。从毛泽东思想概念的最初萌芽到毛泽东思想这一科学概念的最终形成，中国共产党的纪念活动就似一根红线贯穿在这一过程之中。

1940年初，中共中央决定成立"泽东青年干部学校"。5月3日，在五四运动21周年前夕，"泽东青年干部学校"在延安举行了隆重的开学典礼。该校副校长冯文彬在报告中要求全体学生必须"努力学习毛泽东同志的理论"①。接着，王明作了《学习毛泽东》的演讲，他也提出了毛泽东"理论"②。这可以说是毛泽东思想概念的最初萌芽，也是中国共产党人在纪念活动中首次涉及毛泽东思想概念这一问题。

整风运动期间，党的重要领导人和理论工作者撰写了一批纪念文章，其中都从不同的角度对毛泽东及其思想进行了阐述，而且在此基础上开始考虑为一理论命名的问题。1942年7月1日，《晋察冀日报》发表了由邓拓撰写的社论《纪念"七一"全党学习掌握毛泽东主义》，其中说："中国共产党在二十一年的斗争中已经把马列主义民族化、中国化了。马列主义的中国化就是毛泽东主义。""毛泽东主义，就是中国马克思列宁主义。"③"毛泽东主义"的提法，虽然与"毛泽东思想"的提法还有一定的距离，但毕竟是对毛泽东理论和策略的一种概括，在当时引起了全党的关注。为纪念中国共产党成立22周年，1943年7月6日，刘少奇在《解放日报》上发表的《清算党内的孟什维主义思想》一文中，使用了"毛泽东同志的思想"的提法，指出："一切干部，一切党员，应该用心研究22年来中国党的历史经验，应该用心研究与学习毛泽东同志关于中国

---

① 参见《新中华报》，1940年5月7日。
② 参见《中国青年》，1940年第2卷第9期。
③ 参见《晋察冀日报》，1942年7月1日。

革命的及其他方面的学说,应该用毛泽东同志的思想来武装自己。"①

在此基础上,1943年7月8日,王稼祥在《中国共产党与中国民族解放运动的道路》的纪念文章中,首次明确提出并多次使用了"毛泽东思想"这一科学概念。他说:"毛泽东思想就是中国的马克思列宁主义,中国的布尔什维主义,中国的共产主义。"② 这一界定标志着"毛泽东思想"作为反映毛泽东理论著作本质特征的科学概念,经过较长时间的酝酿以后终于形成。王稼祥提出的观点对毛泽东思想的研究具有开拓意义。此后,"毛泽东思想"这个科学概念逐渐被党内外许多同志所接受和使用。

(二) 纪念活动与毛泽东思想科学内涵的界定

毛泽东思想作为一个科学概念,有其特定的内涵。纪念活动在推动这一科学概念形成的过程中,也不断对其内涵进行阐释,使其更加科学。1940年王明在其《学习毛泽东》的演讲中指出,"毛泽东同志在其理论和实践中有很多新的创造",毛泽东"真正地善于把马列主义灵活地应用到中国革命的实践中。"③ 这实际上已经触及毛泽东思想的实质——马列主义理论与中国实际相结合的经验总结与理论概括。1942年7月1日,陈毅在《伟大的二十一年》纪念文章中指出:"毛泽东同志领导秋收暴动,进行苏维埃的红军建设,进行实地的中国社会调查,主张以科学头脑、科学方法对待马列主义中国化问题,主张世界革命的一般理论与中国革命的具体实践相结合,有了更具体完整的创获。正确的思想体系开始创立。"④ 这一界定虽非全面,但抓住了毛泽东思想的"结合性""实践性"和"独

---

① 参见《解放日报》,1943年7月6日。
② 参见《解放日报》,1943年7月8日。
③ 参见《新中华报》,1940年5月7日。
④ 参见《解放日报》,1942年7月1日。

创性"等特征，为以后更为科学地界定毛泽东思想奠定了基础。

翌年7月，王稼祥在《中国共产党与中国民族解放运动的道路》的纪念文章中，对毛泽东思想的内涵作了集中的阐述，这也是中国共产党内对毛泽东思想的科学涵义所作的第一次较为集中的概括和界定。他说："毛泽东思想就是中国的马克思列宁主义，中国的布尔什维主义，中国的共产主义"，"它是创造的马克思列宁主义，它是马克思列宁主义在中国的发展"，"是马克思列宁主义与中国革命运动实际经验相结合的结果"。同时他还把"毛泽东思想"与中国共产党22年的革命实际经验联系起来，认为毛泽东思想"是以马克思列宁主义理论为基础，研究了中国的现实，积蓄了中共二十二年的实际经验。"① 这实际上蕴含了毛泽东思想是吸取全党经验教训的成果、是党集体智慧结晶的意思。王稼祥的这一见解很快被党内许多同志接受，为党的七大确立毛泽东思想的指导地位作了思想上的准备。

1945年4月，党的七大首次全面而系统地阐述了毛泽东思想的科学内涵，即："毛泽东思想，就是马克思列宁主义的理论与中国革命的实践统一的思想，就是中国的共产主义，中国的马克思主义。""毛泽东思想，就是马克思主义在目前时代的殖民地、半殖民地、半封建国家民族民主革命中的继续发展，就是马克思主义民族化的优秀典型"，"是关于整个中国历史与中国革命的全部有系统的科学理论"，"是我们党的唯一正确的指导思想"。② 这可以说是我们党在总结历次纪念活动对这一概念内涵界定的基础上，得出的较为科学的结论。此后，很长的一段时间内我们党一直沿用着七大对毛泽东思想的内涵所做的概括。粉碎"四人帮"后，需要重新审定被林彪、

---

① 参见《解放日报》，1943年7月8日。
② 《刘少奇选集》上卷，人民出版社1981年版，第333—334页。

江青反革命集团破坏了的毛泽东思想的科学涵义,但当时又有人提出了"两个凡是"的错误方针。经过真理标准问题大讨论的洗礼,1979年9月29日,叶剑英在庆祝中华人民共和国成立30周年大会上的讲话中明确指出:"毛泽东思想就是马列主义在中国革命中的运用和发展,是马列主义普遍真理同中国革命具体实践相结合的产物",而且首次明确提出"毛泽东思想是中国共产党集体智慧的结晶"[1]的论断,从而将作为党的指导思想的"毛泽东思想"和"毛泽东的思想"区分开来,由此恢复了毛泽东思想的本来面目,并进一步丰富与完善了毛泽东思想的科学内涵。这说明我们党对毛泽东思想的认识,经过长期曲折的斗争过程,已经达到了新的科学高度。

1981年7月1日,在中国共产党成立60周年的日子里,《人民日报》全文发表了十一届六中全会通过的《关于建国以来党的若干历史问题的重要决议》。《决议》明确指出:"毛泽东思想是马克思列宁主义在中国的运用与发展,是被实践证明了的关于中国革命正确的理论原则和经验总结,是中国共产党集体智慧的结晶。"[2] 这一概括正确地说明了毛泽东思想和马克思列宁主义的关系,毛泽东思想同中国革命实践的关系,毛泽东思想在创立和发展过程中党的集体领导和毛泽东个人作用的关系,从而科学地揭示了毛泽东思想的内涵。在庆祝中国共产党成立60周年大会上,胡耀邦再次强调指出:毛泽东思想,作为被实践证明了的正确的理论原则和经验总结,作为马克思主义在中国的运用和发展,过去是、现在和将来仍然是我们党的指导思想。毛泽东思想是在中国革命历史过程中形成和发展的,是我们党集体智慧的结晶,是中国人民伟大斗争的胜利记录。

---

[1] 郑德荣:《毛泽东与马克思主义中国化》,东北师范大学出版社1997年版,第50—51页。
[2] 《关于建国以来党的若干历史问题的决议》,载《人民日报》,1981年7月1日。

二、纪念活动与毛泽东思想科学体系的概括

毛泽东思想是个科学的理论体系。中国共产党借助纪念活动,对毛泽东思想的科学体系进行了总结和概括,经历了从初步概括到进一步概括再到完整概括的过程。

(一) 纪念活动与毛泽东思想体系的初步概括

1940年5月3日,在《学习毛泽东》的演讲中,王明对毛泽东的理论贡献作了初步的概括,认为毛泽东在建设苏维埃政权问题上、在建设工农红军的事业上、在创造革命的军事战略战术问题上、在建立民族统一战线问题上等方面提出了很多"新的理论创造"①。1941年,《解放》杂志为列宁逝世17周年刊发了《掌握创造性的马克思主义》的纪念文章。文章指出,以毛泽东为首的共产党人经过20年的革命实践,"不仅已经正确地把握了创造性的马列主义,不仅已经学会了娴熟而正确地把马、恩、列、斯底学说应用于中国的环境,而且在殖民地半殖民地革命问题上,已经向前推进了马列主义,已经给马列主义底'总宝库'提供了好多新的贡献"②。文章主要从关于抗日民族统一战线问题、关于革命武装力量的问题、关于革命军事战略战术的问题、关于中国革命政权的问题等四个方面介绍了毛泽东"新的贡献"。

这一时期,纪念活动在对毛泽东思想体系进行概括时有以下几个特点:第一,在对毛泽东思想主要内容进行概括时还没有明确使用"体系"这一概念。第二,主要是从毛泽东对马克思主义的

---

① 参见《新中华报》,1940年5月7日。
② 参见《解放》,1940年第123期。

贡献这个角度进行的概括，而不是直接对毛泽东思想理论体系进行概括。其主要原因是这一时期作为科学概念的"毛泽东思想"还未明确提出。第三，概括的不够全面，主要侧重于新民主主义革命、革命军队建设和军事战略等方面的内容。正由于这几个方面的原因，因此，这一时期纪念活动对毛泽东思想体系的概括还仅仅是初步的。

（二）纪念活动与毛泽东思想体系的进一步概括

为了纪念中国共产党成立21周年，1942年7月，党的重要领导人和理论工作者撰写了一批纪念文章，对毛泽东思想体系作了进一步的概括。陈毅的文章从中国社会性质、革命动力和前途以及革命战略策略、组织和领导革命战争、苏维埃政权建设、建党、思想方法等五个方面阐述了以毛泽东为首的共产党人运用马列主义"解决中国革命的理论与实际问题"，开始触及到中国革命的道路问题。进而陈毅指出，毛泽东"正确的思想体系开始创立"①。邓拓的文章指出"毛泽东主义是中国共产党领导中国革命的理论与策略的统一完整的体系"②。这一体系主要由三部分构成：首先是科学的思想方法，其次是政治科学中的国家和政权的思想，再次是军事思想和军事路线。1943年7月，刘少奇在《清算党内的孟什维主义思想》的纪念文章中，号召党员、干部必须"以毛泽东同志的思想体系去清算党内的孟什维主义思想"③。

这一时期，纪念活动在对毛泽东思想体系进行概括时有以下几个特点：第一，已明确提出了毛泽东思想是一个科学的理论"体

---

① 参见《解放日报》，1942年7月1日。
② 参见《晋察冀日报》，1942年7月1日。
③ 《刘少奇选集》上卷，人民出版社1981年版，第300页。

系"，并从"体系"这一角度对毛泽东思想进行构建。这较前一时期是一大发展。第二，除了对基本内容进行概括外，还涉及到了贯穿这些内容之中的"思想方法"，为后来对毛泽东思想活的灵魂的概括奠定了基础。这又是一大发展。之所以会出现这一发展，笔者认为原因主要有二：一是从1942年开始，中共中央在延安领导全党开展了一场普遍的马克思主义教育运动，从思想方法的高度对造成过去党内历次"左"倾和右倾错误的根源进行深刻的总结。毛泽东反复强调了实事求是，一切从实际出发的根本观点和根本态度，并且号召一切共产党员都要具备和掌握实事求是的科学方法，这就为纪念活动提出毛泽东思想的"科学的思想方法"起到了促进作用；二是延安整风使全党的理论水平得以提高，这为纪念活动对毛泽东思想科学体系概括的进一步发展提供了重要的组织保障。第三，对其主要内容的概括虽较前一时期有所发展（如党的建设理论），但还是不够全面和系统。

（三）纪念活动与毛泽东思想体系的完整概括

1945年4月，刘少奇在党的七大所作的《关于修改党章的报告》第一次把毛泽东思想的内容概括为九个方面，并被确立党的指导思想。建国后，毛泽东思想成为主流意识形态。但是从20世纪50年代末开始，在对毛泽东思想的宣传中，逐步增加了简单化和绝对化的成分，出现了语录化和教条化的倾向，并造成了恶劣的影响。针对这一现象，1977年7月，在十届三中全会的讲话中，邓小平着重指出："我们不能够只从个别词句来理解毛泽东思想，而必须从毛泽东思想的整个体系去获得正确的理解。"① 为此，在中国共产党成

---

① 《邓小平文选》第二卷，人民出版社1994年版，第300页。

立 60 周年前夕，中共十一届六中全会通过的《关于建国以来党的若干历史问题的决议》，对毛泽东思想的科学体系进行了完整的概括。1981 年 7 月 1 日，《人民日报》全文刊发了这一《决议》。《决议》着重从六个方面概括了毛泽东思想独创性的理论：关于新民主主义革命；关于社会主义革命和社会主义建设；关于人民军队的建设和军事战略；关于政策和策略；关于思想政治工作和文化工作；关于党的建设等。同时指出贯穿于上述各个组成部分的毛泽东思想的活的灵魂——实事求是、群众路线、独立自主。这是中共历史上迄今为止对毛泽东思想的独创性所做的最为全面、完整、系统的分析和概括。

三、纪念活动对毛泽东思想形成与发展的推动

（一）纪念活动为推动毛泽东思想的形成与发展提供了强大动力

历史经验是宝贵的财富，重视并善于成功地总结历史经验，是中国共产党的一大特点和优势。毛泽东曾说：我们共产党人就是靠总结经验吃饭的。纪念活动的一个重要特征，就是对国际共运和中国革命的经验进行总结。中国共产党通过纪念活动对历史经验进行总结的基础上，敢于创新，善于创新，为推动毛泽东思想形成与发展提供了强大动力。

为纪念十月革命 11 周年，1928 年 12 月出版的《布尔塞维克》发表了《十月革命对于中国革命之经验》的纪念文章，文章从小资产阶级问题、革命转变问题、党的领导作用、革命的客观环境等方面，阐述了十月革命对于中国革命的借鉴意义。为纪念巴黎公社 62 周年，1933 年 2 月 17 日，中共中央发表宣言系统总结了巴黎公社的

经验教训,并且认为"学习巴黎公社的经验与教训,以公社宝贵的经验来武装自己,这是纪念公社的任务,也是无产阶级争取革命胜利的必要条件。"① 1949 年 6 月 30 日,为纪念中国共产党成立 28 周年,毛泽东发表了《论人民民主专政》一文,指出:"一个有纪律的,有马克思列宁主义的理论武装的,采取自我批评方法的,联系人民群众的党。一个由这样的党领导的军队。一个由这样的党领导的各革命阶级各革命派别的统一战线。这三件是我们战胜敌人的主要武器。这些都是我们区别于前人的。依靠这三件,使我们取得了基本的胜利。"② 从对十月革命、巴黎公社以及党的生日的纪念中,中国共产党吸取了有益的经验和教训。在总结历史经验和教训的基础上,中国共产党不断推进理论创新,逐步形成了新民主主义革命理论,实现了马克思主义中国化的第一次飞跃,从而丰富了马克思主义的理论宝库。

(二)纪念活动为推动毛泽东思想形成与发展奠定了文本基础

"翻译工作尤其是马列主义古典著作的翻译工作,是党的重要任务之一。"③ 中国共产党自成立之日起,就非常重视这一工作。以纪念活动为契机,中国共产党进一步推动了马克思主义经典著作翻译出版工作的开展。1933 年 3 月 14 日,是马克思逝世 50 周年纪念日。中共中央于 2 月 17 日作出了《中央关于马克思逝世五十周年纪念的决议》,决议要求各地组织群众纪念大会,报告马克思学说,编译马克思主义和列宁主义理论基础等小册子。1938 年 5 月 5 日,在马克思诞生 120 周年纪念日,延安成立了马列学院。马列学院机构小而

---

① 参见《红旗周报》,1933 年 3 月 8 日。
② 《毛泽东选集》第四卷,人民出版社 1993 年版,第 1480 页。
③ 参见《中共中央关于一九四三年翻译工作的决定》,1943 年 5 月 7 日。

精，却设了编译部，这是党的历史上第一个编译马列主义经典著作的专门机构。编译部陆续翻译了《马恩丛书》12种、《列宁选集》20种，达几百万字。① 为纪念恩格斯诞辰120周年，1941年出版的《解放》第122期，刊载了《恩格斯传略》的译文，向中国读者介绍了恩格斯的生平。1925年1月，《向导》出版了"列宁逝世一周年纪念特刊"。为了悼念斯大林逝世，中央编译局于1953年9月首先出版了《斯大林全集》第1卷，以后陆续出版，到1956年4月出完13卷。借助对马克思、恩格斯、列宁以及斯大林纪念的系列活动，诸多经典作家的重要文献得以编译、出版，为全党学习和掌握马克思列宁主义理论提供了宝贵的教材，对推动马克思主义在中国的传播以及毛泽东思想的形成与发展发挥了积极的效应。

毛泽东的著作是毛泽东思想的重要载体，而其中的很多著作则是以纪念活动为契机完成的。据笔者统计《毛泽东选集》第二卷中有7篇文章（《五四运动》《青年运动的方向》《反对投降活动》《必须制裁反动派》《纪念白求恩》《必须强调团结和进步》《团结到底》），《毛泽东选集》第三卷中有4篇文章（《整顿党的作风》《祝十月革命二十五周年》《组织起来》《必须学会做经济工作》），《毛泽东选集》第四卷中有3篇文章（《全世界革命力量团结起来，反对帝国主义的侵略》《将革命进行到底》《论人民民主专政》）都是与纪念活动有关，有的是为纪念重大历史事件而作，有的是为纪念重要历史人物而作，有的是为纪念重大节日而作。此外《毛泽东文集》中也有许多文章与纪念活动有关。这些文章在毛泽东思想形成与发展史上具有重要的地位，对推动毛泽东思想的形成与发展奠定了重要的文本基础。

---

① 肖东波：《中国共产党理论建设史纲（1921—1949）》，中共党史出版社2004年版，第319页。

（三）纪念活动为推动毛泽东思想形成与发展进行了组织准备

毛泽东思想是马列主义基本原理在中国的运用和发展。在中国运用马克思列宁主义，首先要高度重视马列主义理论的研究，提高全党的马列主义水平，而后运用马列主义的立场、观点、方法研究和解决中国的实际问题，总结在中国实际斗争中所形成的经验。因此，毛泽东思想的形成与发展，离不开全党思想理论水平的提高。中国共产党通过一系列的纪念活动，创办了马克思共产主义学校、延安马列学院等学校，提高了全党的理论水平，从而为推动毛泽东思想形成与发展进行了组织准备。

《红色中华》报1933年3月12日，有一则"纪念科学社会主义之父！马克斯共产主义学校三月十三日开学"的报道，报道内容："今年是马克斯逝世的五十周年，中央局为了纪念我们的科学社会主义的鼻祖，广泛的有系统地来传播马克斯所创造的共产主义，故集中了党团政府工会的力量，创办一个大规模的苏维埃党校，大批训练新的干部以适应目前革命的需要，彻底改造和加强党团政府工会的工作，争取战争的胜利"。[①] 马克思共产主义学校的设立，为广大学员学习和研究马克思主义提供了重要的基地，培养了一大批具有较高马克思理论水平和实际工作能力强的干部。

1938年5月5日，在马克思诞辰120周年之际，延安马列学院成立。延安马列学院"是我党创建的第一所攻读马列主义理论的比较正规的学校，对提高党的理论水平作出了很大的贡献"[②]。刘少奇《论共产党员的修养》、陈云《怎样做一个共产党员》，都是给马列学院学员作的报告。毛泽东这一时期的重要文章，马列学院都要组

---

① 参见《红色中华》，1933年3月12日。
② 吴介民主编：《延安马列学院回忆录》，中国社会科学出版社1991年版，第1页。

织学员认真学习和讨论。通过学习和研究，学员们受到了马列主义基础知识的教育，深入了解了中国社会情况，对党在抗战时期的路线、方针和政策有了比较清醒的认识，对党的新民主主义理论和政策也有了比较全面的了解，进而推动了毛泽东思想的形成与发展。

综上，党的纪念活动首次提出了"毛泽东思想"这一科学概念，科学界定了其内涵，系统概括了毛泽东思想科学体系的主要内容，极大推动了毛泽东思想的形成与发展。深入研究毛泽东思想不应忽视中国共产党的纪念活动这一视角。

专题三
执政条件下党的建设理论与实践

全面增强执政本领：逻辑理路、内容思路与现实进路

【内容提要】 党的十九大报告首次提出了"全面增强执政本领"这一命题。从逻辑理路上看，克服本领恐慌的需要、保持长期执政的诉求、实现历史使命的必然，是全面增强执政本领的内外归因；从内容思路上看，学习本领、政治领导本领、改革创新本领、科学发展本领、依法执政本领、群众工作本领、狠抓落实本领、驾驭风险本领等八大本领，组成了一个逻辑严密的本领系统；从现实进路上看，用习近平新时代中国特色社会主义思想武装全党、坚定不移推进全面从严治党、建立激励与容错纠错机制，是全面增强执政本领的基本路径。

党的十九大报告指出："领导十三多亿人的社会主义大国，我们党既要政治过硬，也要本领高强。"为此，必须要"全面增强执政本领"。[①] 这既体现着新时代的新要求，又表征着新时代的新使命；既标志着党对执政规律认识的新高度，又昭示着党对自身建设规律认识的新觉醒。只有全面推进新时代的"伟大工程"，才能全面增

---

① 《中国共产党第十九次全国代表大会文件汇编》，人民出版社2017年版，第54—55页。

强执政本领；而只有全面增强执政本领，才能筑牢新时代的"伟大工程"。由此，在新的形势下，厘清全面增强执政本领的逻辑理路、内容思路和现实进路，就显得尤为重要。

一、全面增强执政本领的逻辑理路

全面增强执政本领，不仅源于党自身执政实践不断发展的内在动力，同时还归因于党自身执政环境"内需外压"的时代要求。这不仅体现着党对自身新的历史境遇和历史使命的清醒认识，还体现着党对自身面临的新时代、新要求、新任务的准确把握，更体现着党全面推进新时代自身建设伟大工程、领导人民实现美好生活的思路举措。

（一）全面增强执政本领，是克服本领恐慌的客观需要

早在1939年毛泽东就曾指出："我们队伍里边有一种恐慌，不是经济恐慌，也不是政治恐慌，而是本领恐慌。"[①] 为此，党中央在延安掀起了一场大规模的学习运动，提倡"要把全党变成一个大学校"[②]，要求共产党员都应成为学习的模范。正是"本领恐慌"这一严肃命题的提出，才使得党不断鞭策、激励自己，在前进道路上赢得了一个又一个伟大胜利。新时代"全面增强执政本领"命题的提出，不仅是一项具有战略眼光的思路举措，更是对执政党"本领恐慌"的一种昭示和告诫。纵观党的执政历史，无论是局部执政还是全面执政，本领恐慌都与执政党自身状况的演变密切相关，并在党执政的整个历史进程中，发挥着特有的能动作用。因为只有不断增

[①] 《毛泽东文集》第二卷，人民出版社1993年版，第178页。
[②] 《毛泽东文集》第二卷，人民出版社1993年版，第185页。

强执政本领，才能真正克服本领恐慌，从而夯实党的执政根基，实现党的执政价值。

(二) 全面增强执政本领，是巩固党长期执政地位的根本诉求

党的执政地位不是一劳永逸的，而是由党的执政能力和执政本领决定的，这不仅是无产阶级政党执政历史沿革的基本经验，更是国际共产主义运动曲折发展的教训鉴戒。长期以来，我们对党执政地位历史客观性的过分强调，弱化了党自身建设主观能力的维度。对此，习近平强调："要坚持从巩固党的执政地位的大局看问题，把抓好党建作为最大的政绩"[①]。新时代，党所面临的世情国情党情日益复杂，能否长期保持历史和人民所赋予的执政地位，要看党能否经受住国内外现实风险的考验，跳出周期率的循环怪圈。而只有推进新时代的"伟大工程"，全面增强执政本领，才能驾驭风云多变的国际环境，推进多重阻力的国内改革；才能科学认识党面临的长期执政、改革开放、市场经济以及外部环境的四大考验，正确应对精神懈怠、能力不足、脱离群众、消极腐败的四大危险；才能不断增强党的自我净化、自我完善、自我革新、自我提高能力，从容应对重大挑战、抵御重大风险、克服重大阻力、解决重大矛盾；才能不断提升党的执政能力和执政水平，实现党由"权力本位"到"能力本位"执政方式的实质转变，[②] 从而筑牢党的执政地位，实现党的长期执政。

(三) 全面增强执政本领，是实现党的历史使命的必然选择

"所谓'社会主义社会'不是一种一成不变的东西，而应当和

---

① 《习近平总书记系列重要讲话读本》，学习出版社、人民出版社2016年版，第106页。
② 赵付科、孙道壮：《习近平党内法规制度建设思想论析》，载《马克思主义与现实》，2017年第6期。

任何其他社会制度一样，把它看成是经常变化和改革的社会"①。作为"两个先锋队"的中国共产党，其所肩负的特有的、前无古人的历史使命，决定了其所从事的事业，必然是一个由革命到建设进而再到改革的不断进步的事业。党的十九大报告指出："中国共产党人的初心和使命，就是为中国人民谋幸福，为中华民族谋复兴。"② 新时代，要实现民族复兴的伟大梦想，就必须进行伟大斗争、建设伟大工程、推进伟大事业，"其中起决定性作用的就是党的建设新的伟大工程"③。只有全面增强执政本领，全面推进新时代"伟大工程"，才能勇于直面时代问题，敢于运用刮骨疗毒的手段，"消除一切损害党的先进性和纯洁性的因素，清除一切侵蚀党的健康肌体的病毒"④，才能使党始终成为时代的先锋、民族的脊梁，成为朝气蓬勃、永葆旺盛生命力和强大战斗力的马克思主义执政党，才能使党成为坚强的领导核心、成为全国人民的主心骨，进而引领中华民族不断奋进，为实现民族复兴的历史使命，凝聚起强大的力量。

二、全面增强执政本领的内容思路

全面增强执政本领，不是一句空洞的口号，而是有其自身具体的内容。党的十九大报告明确提出了要增强学习本领、政治领导本领、改革创新本领、科学发展本领、依法执政本领、群众工作本领、狠抓落实本领、驾驭风险本领等八大本领。这些内容环环相扣，共同组成了一个逻辑严密的本领系统。其中学习本领是基本途径，政治领导本领是方向保证，改革创新本领是时代要求，科学发展本领

---

① 《马克思恩格斯文集》第10卷，人民出版社2009年版，第588页。
② 《中国共产党第十九次全国代表大会文件汇编》，人民出版社2017年版，第1页。
③ 《中国共产党第十九次全国代表大会文件汇编》，人民出版社2017年版，第14页。
④ 《中国共产党第十九次全国代表大会文件汇编》，人民出版社2017年版，第13页。

是尺度掌控，依法执政本领是长效保障，群众工作本领是核心表征，狠抓落实本领是关键环节，驾驭风险本领是总体驱动。作为执政本领的整体性系统化表达，这些本领虽地位不同，但其形成的良性互动结构，既是党对执政规律和自身建设规律认识的深化，又是党进一步推进新时代"伟大工程"的本领依托。

第一，增强学习本领。学习不仅是党的优良传统，也是推进新时代党的建设伟大工程的现实需要，不仅是克服本领恐慌的基本之道，也是建设马克思主义学习型政党的题中之义。中国共产党是一个一贯强调学习并且也善于学习的政党。延安整风时期，为克服各种不正之风，我党就在全党范围内开展了大规模的学习运动。全面执政初期，为克服本领恐慌，毛泽东又号召全党开展了新本领的学习。为适应改革开放的需要，邓小平也号召全党在新的经济发展形势下重新学习。正是因为如此重视学习，我党才赢得了连续的胜利。只有坚持不断地学习，才能跟上时代的节奏，适应时代的发展。新时代，各种思想观念和知识的普及度、关联度都已超过历史上任何时期，这就更需要我们不断地学习，增强学习本领。为此，要深入学习马克思主义中国化的最新理论成果，用习近平新时代中国特色社会主义思想武装全党；要始终将理论学习与知识技能学习相统一，将向课堂和书本学习与向群众和实践学习相结合，将了解历史的学习与面向未来的学习相统一；要掌握"挤"和"钻"相结合的学习方法，克服自满这一学习的顽疾；要建立健全必要的制度规章，以发挥其导向作用，营造浓厚的学习氛围；要学以致用，通过学习提高解决现实问题的水平。只有这样，才能切实地增强学习本领，永葆党在时代潮流中的先进性和纯洁性。

第二，增强政治领导本领。旗帜鲜明讲政治是马克思主义政党的根本要求，中国特色社会主义最本质的特征就是坚持党的领导。政治领导作为无产阶级政党的本质属性和衡量党的领导力量的重要尺度，是马克思主义执政党的突出特点。自成立伊始，中国共产党就把政治作为统帅和灵魂，进而在民主革命时期锻造了一支强大的队伍。新中国成立之后，也正是因为采用了与当时社会条件相适应的政治领导，才取得了社会主义建设的巨大成绩。改革开放新时期，同样是因为政治领导在社会主义现代化进程中统领作用的发挥，才取得了中国特色社会主义事业的伟大胜利。新时代，只有增强政治领导本领，才能发挥党的政治优势，保证党的建设新的伟大工程的正确方向和整体效果。为此，要把政治建设放在党的建设首位，充分认识政治领导本领对于巩固和保持党的长期执政地位的战略意义；要强化领导干部的"四个意识"，坚决维护中央领导权威，严明党的政治规矩和政治纪律，严肃党内政治生活，层层落实管党治党的政治责任；要坚持战略思维、创新思维、辩证思维、法治思维、底线思维，科学制定和坚决执行党的路线方针政策，把党总揽全局、协调各方落到实处。只有这样，才能切实地增强政治领导本领，永葆党的强大战斗力和旺盛生命力。

第三，增强改革创新本领。改革创新是推动社会发展与变迁的巨大动力，是马克思主义理论本质的内在要求，更是马克思主义政党形塑新肌的力量显现。它不仅体现着精深的理论眼光，还彰显着巨大的实践勇气。国际共产主义运动正反两方面的经验教训证明，改革创新是一个国家和民族的生存发展之道，是顺应世界发展大势的必然选择，也是解决中国现实问题的根本途径，同时也是抓住用好历史性机遇、抢占未来发展制高点的必然选择。回顾党的发展历程，每一次改革创新都给党和国家发展注入了新的活力，给事业前进增添了新的动力。改革创新是当代中国最鲜明的特色，也是当代中国共产党人最鲜明的品格。新时代，只有不断增强改革创新本领，才能做到抢抓时代发展的机遇，破解时代面临的难题，以激发社会的活力。为此，要深化对改革创新的认识，把握改革创新的规律，坚持改革创新的原则方向，贯彻改革创新的总体要求；要凝聚改革创新共识，统筹改革创新中涉及的重大关系，如解放思想与实事求是、局部和全部、整体推进和重点突破、顶层设计和摸着石头过河、胆子要大和步子要稳、改革创新与发展稳定；要善于结合实际创造性推动工作，善于运用互联网技术和信息化手段开展工作。只有这样，才能切实做到增强改革创新本领，永葆党时代先锋队的性质。

第四，增强科学发展本领。科学发展既意味着发展的标准尺度，又体现着发展的历史进度，还体现着党对社会发展规律和政党执政规律的深刻把握。恩格斯指出："科学越是毫无顾忌和大公无私，它就越符合工人的利益和愿望"①。同时，发展又蕴含着"标准"与"选择"问题的矛盾。只有坚持科学发展，才能为错综复杂的社会实践，作出正确的选择和制度的安排，并为这种选择和安排，提供能够赢得人民支持的理论支撑。党的执政历史，实际上就是在根据实际条件不断变化的基础上，不断探寻更好更快地实现人民利益的过程。新时代，不仅要坚定不移地把发展作为党执政兴国的第一要务，更要坚定不移地贯彻创新、协调、绿色、开放、共享的新发展理念。为此，要始终做到把社会发展规律、政党执政规律和党的建设规律有机统一，最大程度地激发社会发展活力；要坚持以人民为中心的发展思想，把人民对美好生活的向往作为奋斗目标；要更加娴熟地掌握统筹兼顾的方法，理顺各种利益关系；要更加主动地探索科学发展的路径，注重加强薄弱环节，着力解决突出矛盾，积极破解发展难题，不断开创发展新局面。只有这样，才能切实做到增强科学发展本领，永葆党以人民为中心的思想主旨。

第五，增强依法执政本领。依法执政不仅是依法治国的核心内容，也是政党政治民主本质的集中反映，不仅标志着政党政治现代

---

① 《马克思恩格斯文集》第4卷，人民出版社2009年版，第313页。

文明发展的新高度，更体现着现代政治文明建设发展的新要求。党依法执政的历史，实际上是党领导人民管理国家事务、实现人民当家作主的历史，而如果不能在执政过程中贯彻法治的精神，不能用长效的制度体系来保障人民的利益、体现人民的意志、激发人民的活力，就不能彰显我国人民主权的国家本质，就不能彰显我党人民赋权的政党实质。新时代，要增强依法执政本领，必须要以法治为核心，以制度为支撑，将法制的载体与民主的依归内在有机地统一于党的建设和党的执政实践之中，进而以新的政治觉醒，求得政治上的坚定。法治下的执政本领首先是依法执政本领，为此，要坚持"依法治国和依规治党有机统一"①，坚持全面从严治党，构建完善的党内法规制度体系，增强党依照宪法法律治国理政的本领，增强党依照党规党纪治党管党的本领。同时，领导干部必须要树立法治意识、法治思维，运用法治方式，切实增强领导干部的法治能力。只有这样，才能切实做到增强依法执政本领，永葆党的民主本质。

第六，增强群众工作本领。群众工作作为党存在和发展的根本性力量归属，不仅体现着党的政治品质，而且彰显着党的政治技能。党作为人民群众的"权力载体"，既有其合历史性的一面，又有其合阶级性和合社会性的一面，这就从本质上规定了其特有的工具性法权，即它既是实现阶级利益的工具，同时又是实现群众意志的工具。党自成立以来，就把群众工作视为维系自身生命的所在，从而依靠群众、组织群众、带领群众推动和创造了历史，改变了自身的前途和命运。新时代，只有增强群众工作本领，才能践行党为人民群众谋幸福的初心，从而防止自身由"公仆"向"主人"的本质蜕变，防范脱离群众而招致亡党息政的悲剧。为此，要提高党性修养，坚守群众路线，牢记群众对美好生活向往的奋斗目标，将为人民服

---

① 《中国共产党第十九次全国代表大会文件汇编》，人民出版社2017年版，第18页。

务的宗旨贯彻到执政的全部实践之中；要力破"四风"危害，力除腐败顽疾，以中央八项规定为切入点，践行"照镜子、正衣冠、洗洗澡、治治病"的十二字箴言；要完善政治制度，加强民主监督，紧紧围绕人民群众的根本利益，汲取党执政的力量根源；要健全组织建设，夯实群众基础，以增强党的生命活力为目标，实现党与群众彼此融洽的有机联动。只有这样，才能切实增强群众工作本领，永葆党朝气蓬勃的生机活力和良性有效的组织动力。

第七，增强狠抓落实本领。执政之道，贵在落实。落实既是一种能力，又是一种态度。狠抓落实不仅体现着党的政治勇气，而且体现着党的责任担当。党作为人民利益与国家权力之间的政治桥梁，必然决定着其不但要把狠抓落实作为一种政治品格，而且要把求真务实作为一种价值追求，更要把求实于民作为一种高尚情怀，把真抓实干作为一种工作方法。党之所以能带领人民不断赢得胜利走到今天，非常关键的一点就是因为其具有实事求是的精神，能将方针政策落到实处，能踏踏实实为人民谋幸福。新时代，只有增强狠抓落实本领，才能做到说实话、察实情、谋实事、出实招、求实效，进而才能做到攻坚克难。为此，要坚持理论与实践相结合，务必将"狠抓落实"固化于制、牢化于行；要坚持雷厉风行与久久为功相结合，切实营造狠抓落实的整体氛围和真抓实干的工作作风，做到长期抓、经常抓、全力抓；要坚持突出重点与兼顾全面相结合，做到主次分明，分开轻重缓急，找到突破口，精准发力，层层递进，防止抓而无效，抓而不牢、抓而不实；要坚持明确责任与监督问责相结合，构建清晰明确且能够追溯的责任体系，和人人有责且层层落实的部署格局，并用检查监督和奖惩问责来倒逼工作的落实程度和进度；要坚持战略引领与体制创新相结合，保持长远谋划和战略定力，既要引领目标的实现，又要为目标的落实激发创新的动力。只有这样，才能切实增强狠抓落实的本领，永葆党的刚性执行力。

第八，增强驾驭风险本领。驾驭风险既是一种精神状态，又是一种能力手段。党作为领导一切的总舵手，既要以登高望远的战略眼光引领航向，又要用统筹全局的思维总揽各方，这就决定了其必须要善于发现风险、勇于面对风险、长于掌控风险，进而在与风险的博弈中抢占机遇、主动发力、从容应对。党的发展历史告诉我们，没有这样一种本领，就绝然不能领导中国革命走向胜利，更不能披荆斩棘，取得今天的辉煌业绩。新时代，只有不断增强驾驭风险本领，才能提高党把控方向、谋划大局、制定政策、促进改革的定力和能力。为此，要完善党的领导体制机制，坚持工作基调上的稳中求进；要统筹推进"五位一体"总体布局，协调推进"四个全面"战略布局，确保党始终兼顾全面、总揽全局；要做到居安思危，增强忧患意识，以人民利益为宗旨，坚持总体国家安全观；要坚定不移走和平发展道路，统筹国内国际两个大局，奉行互惠共赢的对外开放战略，促进"一带一路"的国际合作，推动构建人类命运共同体；要健全各方面风险防控机制，牢牢把握工作的主动权。只有这样，才能切实增强驾驭风险本领，永葆党的协调掌控力。

三、全面增强执政本领的现实进路

十九大报告指出："打铁必须自身硬。"① 全面增强执政本领的根本路径，在于全面推进新时代的"伟大工程"，只有把党建设成为一支坚强有力的马克思主义执政党，才能使党在不断地提升"四自能力"的过程中，切实增强执政本领，才能使党在不断适应执政条件和执政环境的变化发展中，做到不断与时俱进，胜任新时代的使命担当。

---

① 《中国共产党第十九次全国代表大会文件汇编》，人民出版社2017年版，第49页。

第一，用习近平新时代中国特色社会主义思想武装全党，提高全面增强执政本领的理论自觉。理论自觉是党的鲜明特征和根本优势。全面增强执政本领，离不开理论的先行指导作用，这既体现着历史唯物主义的科学内涵，又体现着马克思主义执政党的先进品质。新时代孕育产生了习近平新时代中国特色社会主义思想，这一思想不仅彰显着历史逻辑、理论逻辑、实践逻辑、价值逻辑的有机统一，更以时代问题为导向，以人民对美好生活的向往为目标，以中国优秀传统文化为根本，以中国特色社会主义伟大实践为基础，以中国特色社会主义话语为载体，彰显了其特有的中国逻辑。多维逻辑的统一，实际上指向着人民意志在新时代的高度凝结，昭示着党的意志在新时代的深度凝练，凸显着党以顽强的精神品格、高超的政治智慧、强烈的历史担当带领全国人民进行伟大斗争、推进伟大事业、建设伟大工程、实现伟大梦想的政治承诺。如果没有过硬高强的执政本领，这一承诺必然显得过于空泛。而只有用习近平新时代中国特色社会主义思想武装全党，才能提高全党的理论自觉，保持全党的团结统一，筑牢党的精神支柱和政治灵魂，才能使共产主义远大理想和中国特色社会主义共同理想具有时代的张力，才能夯实新时代党的建设新的伟大工程的思想基石，挺起共产党人的脊梁，牢记全心全意为人民服务的宗旨，进而使全党不忘初心、牢记使命，更加自觉地为增强自身的执政本领、为实现新时代的历史使命而奋斗。

第二，坚定不移全面从严治党，落实全面增强执政本领的实践要求。实践是马克思主义理论变革的逻辑内核和本质特征。全面增强执政本领，必然要落实实践的基本要求，这既体现着党的鲜明品格，又体现着党的政治本色。新时代，要落实全面增强执政本领的实践要求，最关键的就是要坚定不移地将全面从严治党贯穿始终，毫不动摇地整体推进新时代的"伟大工程"。全面从严治党，要做到永远没有完成时，决不能"松口气歇歇脚"，要按照新时代党的建设总要求，以政治建设为灵魂为统帅，以坚定理想信念宗旨为根基，以调动全党的积极性、主动性、创造性为着力点，全面推进党的政治、思想、组织、作风、纪律建设，把制度建设贯穿其中，深入推进反腐败斗争，才能做到夯实新时代的"伟大工程"，保持党的纯洁性和先进性，增强党的执政本领，进而才能降低党的执政成本，提高党的执政效率，提升党的执政效能，打造勤政、廉洁、务实、高效的执政作风，夯实党的执政根基，提升党的长期执政能力。而只有坚定不移地将全面从严治党贯穿始终，才能恪守党的科学属性，防止其权力变"权术"，才能恪守党的公共属性，防止其权力变"私有"，才能恪守党的民主属性，防止其权力变"专制"，才能恪守党的工具属性，防止其权力变"权利"，[①] 才能以全面推进新时代的"伟大工程"为依托，真正落实增强执政本领的实践要求，在促进全党由"权力本位"到"能力本位"的转变过程中，实现由"单一本领"向"复合本领"的提升。

第三，建立激励与容错纠错机制，完善全面增强执政本领的体制机制保障。体制机制保障，是政党政治的显著优势和世界政治现代文明发展的基本特征。全面增强执政本领，也就必然离不开体制机制现代化的根本保障，这既体现着党与世界政治文明接轨的新自觉，又体现着党实现现代化转型的新需要。新时代，完善增强执政本领的体制机制保障，最重要的就是要在推进新时代"伟大工程"的建设中，建立激励机制与容错纠错机制，为建设高素质的专业化干部队伍，提供正确的考核评价依据。干部队伍是决定党的事业兴衰成败的核心变量，要全面增强执政本领，就要优化配强领导班子，培养储备干部队伍，积极吸纳各方英才。而如果没有正确的考核评

[①] 王韶兴：《"全面从严治党"：价值、内涵与指向》，载《中国社会科学报》，2016年12月9日。

价依据，不能建立激励与容错纠错机制，就会使得干部的正当行为得不到保障，使得干部的执政本领不能有效发挥，进而挫伤踏实做事、敢于担当、不谋私利干部的积极性、主动性、创造性，造成不敢为、不作为、不愿为的被动懈怠局面，使得新时代"伟大工程"的建设得不到有效推进，使得增强执政本领的要求得不到落地生根。因此，只有坚持激励与约束并重、厚爱与严管结合，建立激励机制与容错纠错机制，才能使新时代"伟大工程"的建设张弛有度，才能完善增强执政本领的体制机制保障，进而激发干部队伍竞相迸发的创造活力，使得干部队伍的聪明才智充分涌流，在全力推进新时代"伟大工程"中，与时俱进地增强自身的执政本领，在促进党的现代化转型中，实现执政本领的现代跃升。

综上，全面增强执政本领是党始终面临和不懈探索的一个重大命题，同时也是党的十九大提出的新时代的一项战略任务。这不仅是党领导人民进行伟大斗争、推进伟大事业、实现伟大梦想的现实需要，也是强化新时代伟大工程自身建设的内在要求，同时还是世界政党发展史上正反两方面经验教训的深刻总结。全面增强执政本领，既是建设新时代"伟大工程"的一个重要组成部分，又体现着新时代"伟大工程"的建设成果。党的建设成效如何，一个重要的体现就是执政本领的强弱高低。因此，以全面增强执政本领为落脚点来推动党的整体建设，不仅反映着党自身建设发展规律的要求，还反映着党对执政规律认识的深化，离开了全面增强执政本领的科学命题，党自身的建设也就失去了其应有的意义。而只有从逻辑理路、内容思路、现实进路上对全面增强执政本领进行整体性、系统性的把握，才能凸显全面增强执政本领的战略布局和时代意义，才能在理论与实践、历史与现实的逻辑交汇中，实现新时代党的建设新的伟大工程合价值性与合工具性、合目的性与合规律性的有机统一。

新中国成立初期
中国共产党巩固新生政权的历史经验

【内容提要】 新中国成立初期,面对复杂形势和种种困难,以毛泽东为核心的第一代中央领导集体以牢固确立社会主义意识形态的主导地位作为思想基础,以不断提高党的执政绩效作为根本途径,以始终保持执政党的先进性作为关键环节,以努力推进国防和军队现代化作为可靠保障,以积极争取国际社会的承认作为重要条件,使新生的人民政权不断得到巩固。认真总结这一时期党巩固新生政权的宝贵经验,对于保持政权稳定具有重要意义。

新中国成立初期,面对复杂形势和种种困难,以毛泽东为核心的第一代中央领导集体保持清醒的头脑,满怀信心地迎接挑战,采取一系列措施,使新生的人民政权得以巩固与稳定。深入总结党为巩固新生政权而积累的宝贵经验,对于贯彻落实"七一"讲话精神,保持政权稳定具有重要意义。

一、思想基础:牢固确立社会主义意识形态的主导地位

任何一种类型的政权都离不开意识形态及其所提供的合法性支

持。意识形态是维系政治权力合法性的符号语言，它通过影响民众的认知、信仰和价值观念，使得民众认同、支持和忠诚于某一政权。新中国成立初期，中国共产党为巩固新生的人民政权，高度重视意识形态整合，逐步确立了社会主义意识形态的主导地位。

建国伊始，中共中央就向全国人民发出了学习和宣传马列主义、毛泽东思想的号召，要求"真正做到在全国范围内和全体规模上来宣传马列主义，用马列主义教育人民，提高全国人民的阶级觉悟和思想水平，为在我国建设社会主义和实现共产主义打下思想基础。"① 为了加强全党的理论学习，党中央成立了马克思恩格斯列宁斯大林著作编译局和毛泽东选集出版委员会。1951年2月，中共中央作出了《关于加强理论教育的决定（草案）》，对党员干部学习的内容、方法等问题做了全面的说明和具体的规定。1954年12月，中共中央又作出了《关于轮训全党高、中级干部和调整党校的计划》，确立了干部轮训和学习制度。根据中央的部署，学术界、教育界、文艺界等也都开展了学习马列主义、毛泽东思想的运动，高等院校开设了马克思主义相关课程。

与此同时，中国共产党还展开了对意识形态领域中的各种错误倾向的批判运动。首先展开了对知识分子的思想改造运动。1951年在报刊上又展开了一场对电影《武训传》的批判。1954年，毛泽东从支持两位青年关于《红楼梦》研究问题的批评文章开始，又领导发起了一场关于对胡适派资产阶级唯心主义的斗争。"这些思想文化领域的批判和斗争，都是直接关系到马克思主义、社会主义和无产阶级思想占领意识形态阵地的重大问题。在建国初期的思想文化环境里，马克思主义在思想文化和意识形态领域中尚未占据显著优势，特别是在学术研究与文史哲等学科中，抵制和消除一切落后的腐朽

---

① 《刘少奇选集》下，人民出版社1985年版，第91页。

的思想文化的影响，涤荡旧社会遗留的污泥浊水，正是新中国社会主义意识形态建设必须面对的一项重大任务。"①

一个新的社会制度的诞生，总是要伴随一场大喊大叫的，这就是宣传新制度的优越性，批判旧制度的落后性。毛泽东对社会主义的美好作了肯定性描述，强调社会主义制度可以使中国"一年一年走向更富更强的，一年一年可以看到更富更强些。而这个富，是共同的富，这个强，是共同的强，大家都有份"，"这种共同富裕，是有把握的，不是什么今天不晓得明天的事。"② 同时，对资本主义则作了否定性评判，批判资本家的惟利是图本性，主张把它"整得灰溜溜、臭烘烘的"③。强调"资本主义私有制大大地妨碍统筹兼顾，妨碍国家的富强"④，把个体私有制和资本主义私有制废除了，"整个民族只有到那个时候才更有前途，更有发展希望。"⑤ 毛泽东通过意识形态从理论上论证了社会主义相对于资本主义的优越性，向民众描绘了社会主义的美好前景，这一方面强化了人们对新生政权的认同和支持，另一方面也使"旧社会"的负面因素显得越发难以容忍。可以说，社会主义意识形态为新生政权提供了"来日的合法性（forward legitimacy）"⑥，使民众乐意"把自己的才能和力量献给国家，并使个人的目标服从于国家的需要"⑦。

新中国成立初期的意识形态整合运动，虽然也出现了学术政治化、教育简单化、活动形式化等缺陷，但是中国共产党从"破"和"立"两个方面对当时的意识形态进行的大规模整合，使得包括无

---

① 张星星：《新中国社会主义意识形态的基本确立》，载《当代中国史研究》，2007年第1期。
② 《毛泽东文集》第六卷，人民出版社1999年版，第495—496页。
③ 薄一波：《若干重大决策与事件的回顾》上，人民出版社1997年版，第171页。
④ 《毛泽东文集》第六卷，人民出版社1999年版，第498页。
⑤ 《毛泽东文集》第六卷，人民出版社1999年版，第500页，第396页，第295页。
⑥ 亨廷顿：《第三波——20世纪后期民主化浪潮》，上海三联书店1998年版，第177页。
⑦ 张明军等：《当代中国政治社会分析》，中央编译出版社2008年版，第7页。

产阶级先进分子在内的全体人民群众都能够接受和掌握马克思主义的世界观、价值观、人生观,普遍地树立起对马克思列宁主义、毛泽东思想的信仰,逐步确立起社会主义意识形态的主导地位,为新生政权奠定了坚实的思想基础。

二、根本途径:不断提高党的执政绩效

社会主义意识形态之所以能为巩固新生政权奠定思想基础,很大程度上取决于它所提供的"来日的合法性(forward legitimacy)"。但是如果执政绩效平平、诺言不能兑现,意识形态就很难发挥其合法化功能,因为"有效性一再丧失,或长期丧失,则会危及一个合法系统的稳定性。"① 新中国成立前夕,毛泽东就清醒地认识到这一点,指出:在取得全国胜利后,"如果我们在生产工作上无知,不能很快地学会生产工作,不能使生产事业尽可能迅速地恢复和发展,获得确实的成绩,首先使工人生活有所改善,并使一般人民的生活有所改善,那我们就不能维持政权,我们就会站不住脚,我们就会要失败。"② 因此,不断提高党的执政绩效,通过党的有效活动,直接满足民众对现实的利益诉求,帮助民众走出现实的困境,是新生政权巩固的根本途径。在这一客观要求的推动下,中国共产党为此进行了努力,取得了显著的执政绩效,从而获得了最广大人民群众的拥护与支持。

在生产力欠发达的农业国家,土地是最重要的生产要素,是农民赖以生存的命根子,政党的政策直接决定着农民对政党的抉择。建国之后,党在把工作重心由乡村向城市实行战略转移的同时,迅速在全国范围内实行了土地改革,"三亿多无地少地的农民(包括

---

① [美]李普塞特:《政治人——政治的社会基础》,上海人民出版社1997年版,第58页。
② 《毛泽东选集》第四卷,人民出版社1991年版,第1428页。

老解放区农民在内）无偿地获得了约七亿亩土地和大量生产资料，免除了过去每年向地主交纳的约七百亿斤粮食的苛重地租"①，比较彻底地摧毁了封建土地制度。共产党的政策为乡村中贫苦人民提供了实质性的报偿，"更公平的税制、减租、最后是分配土地（另外还给最积极的人分配领导职务），这些大大地有助于农民群众相信党的事业的正义性。由于在土改期间中共显示了它既是一支令人生畏的力量，又是较好生活的提供者的可信性，它大大提高了将来在农民中的说服力。"② 这一时期的土地改革还比较好地处理了与富农以及地主的关系，较好地"兼顾了土改各方面的利益，不仅减少了土地改革的阻力，保证了土地改革的顺利进行，而且从根本上有利于生产的恢复和发展"③ 以及新生政权的巩固。

为使人民群众尽快过上"安居乐业"的日子，党适时地把恢复国民经济、发展生产放在头等重要的位置。面对极其困难的财政经济状况，党精心领导了稳定物价和统一财经的重大斗争，有效地遏制了恶性通货膨胀和物价高涨的局面，结束了旧中国几十年收支不平衡的局面，为安定人民生活，恢复和发展工农业生产、创造了有利条件。在恢复和发展国民经济中，如何对待私营工商业，是一个极关紧要的大问题。七届三中全会批评了那种认为可以提早消灭资本主义、实行社会主义的思想，提出对民族资产阶级的政策采取又团结又斗争，以团结为主，是节制资本而不是挤走资本、消灭资本，从而维护了民族资产阶级利益，取得了民族资产阶级对新政权的支持。经过三年的努力，国民经济得到了全面恢复，不仅有数量的发

---

① 胡绳主编：《中国共产党的七十年》，中共党史出版社1991年版，第326页。
② 《剑桥中华人民共和国史（1949—1965）》，中国社会科学出版社1990年版，第89页。
③ 王先俊：《1949—1956年中国共产党执政的合法性基础》，载《安徽师范大学学报》（哲学社会科学版），2005年第1期。

展,而且有性质上的变化和质量上的提高①。

实现国家的工业化"是中国人民近百年来梦寐以求的目标,也是改变中国落后状态而臻于富强的关键所在。"② 在土地改革任务基本完成、国民经济基本恢复之后,中共中央提出了"一化三改"的过渡时期总路线。随着"一五"计划的实施和完成,国家工业化取得了巨大的成就,1957 年全国工业总产值达到 783.9 亿元,比 1952 年增长 128.3%,平均年增长 18%。一大批旧中国没有得基础工业部门开始建立起来,一大批工矿企业在内地兴办,使旧中国工业过分偏于沿海的不合理布局初步得到改进。通过社会主义改造而建立起崭新的社会主义制度,这在根本上符合广大人民的利益。与此同时,社会主义改造的几年农业总产值和人民生活水平也是不断增长的。1957 年农业总产值达 604 亿元,比 1952 年增长 25%,平均年增长 4.5%;全国居民平均消费水平 1957 年达到 102 元,比 1952 年的 76 元提高三分之一强,其中职工平均消费水平提高 38.5%,农民提高 27.4%。③

此外,这一时期中国共产党还取得了抗美援朝战争的胜利,使"全世界对中国刮目相看,中国的国际威望空前提高。从此,帝国主义不敢轻易作侵犯新中国的尝试"④,从而维护了国家的独立和主权。"当一个政权在捍卫国家主权方面作出巨大贡献时,它往往能够获得人们的赞许而增强自己的合法性。"⑤ 这些实实在在的执政绩效,使中国共产党获得了广大民众的支持和认可,从而使新生政权更加巩固。泰维斯对新中国成立初期中共执政绩效的作用曾这样评论道:

---

① 胡绳主编:《中国共产党的七十年》,中共党史出版社 1991 年版,第 339 页。
② 胡绳主编:《中国共产党的七十年》,中共党史出版社 1991 年版,第 340 页。
③ 胡绳主编:《中国共产党的七十年》,中共党史出版社 1991 年版,第 387—388 页。
④ 胡绳主编:《中国共产党的七十年》,中共党史出版社 1991 年版,第 324 页。
⑤ 王长江:《中国政治文明视野下的党的执政能力建设》,上海人民出版社 2005 年版,第 89 页。

"虽然党的领导人在1957年后期面临着大问题,但1949年以来中华人民共和国的总的政绩还是非常成功的。尽管对中共的一些具体表现有不满情绪,但是政权由于在稳定社会秩序、推动经济发展、改善生活条件和恢复民族尊严方面的成绩,已得到了广泛的民众支持。"① 这一评价应该说还是比较中肯的。

三、关键环节:始终保持执政党的先进性

随着新中国的建立,如何在执政的条件下保持共产党的先进性这项"历史上没有见过、书本上也读不到的新事业"② 就成为一项新的历史任务。对此,中国共产党有着清醒的认识,采取了一系列措施保持执政党的先进性,从而牢牢抓住了巩固新生政权的关键环节。

执政党自身的状况如何不仅关系着其能否存在与发展,而且决定其能否回答和解决时代与人民提出的问题,因而加强执政党自身的各项建设是其永葆先进性的基础。党取得执政地位以后,取得了更好地为人民谋利的条件,但与此同时也增加了党的自身建设的难度,党在自身建设方面也会出现许多执政前所没有的问题。在执政前夕的七届二中全会上,毛泽东就郑重告诫全党:"务必使同志们继续地保持谦虚、谨慎、不骄、不躁的作风,务必使同志们继续地保持艰苦奋斗的作风。"③ 新中国成立后,针对党的作风上出现的问题,毛泽东多次告诫全党要保持党的理论联系实际、密切联系群众、批评与自我批评的优良作风,并结合整风运动、"三反"、"五反"运动和整党建党工作以及其它实际工作,在党和国家机关以及各级干

---

① 《剑桥中华人民共和国史(1949—1965)》,中国社会科学出版社1990年版,第147页。
② 《列宁选集》第3卷,人民出版社1995年版,第404页。
③ 《毛泽东选集》第四卷,人民出版社1991年版,第1438—1439页。

部中大张旗鼓地开展了反对官僚主义和贪污腐败的斗争,果断处决了贪污腐化分子刘青山、张子善。为了保证社会主义事业的成功,毛泽东反复强调,必须实行党的民主集中制。为此,他在实践中不断探索党的集体领导的原则、内容、方法和途径,他认为,党委制是保证集体领导的、防止个人专断的党的重要制度,"党委的领导,是集体领导,不是第一书记个人独断。在党委会内部只应当实行民主集中制。第一书记同其他书记和委员之间的关系是少数服从多数。"① 毛泽东还多次强调党的各级领导干部,特别是高级领导干部,必须把思想建设放在党的建设首位,努力提高全党的马列主义水平。

　　权力离开监督就会产生腐败。处于执政地位的共产党如果没有来自人民群众的监督,同样会丧失先进性。毛泽东指出,我们进行执政党的先进性建设必须自觉接受来自人民群众的监督,"我们有些同志,对于马克思、列宁所说的民主集中制,还不理解。……他们怕群众,怕群众讲话,怕群众批评。哪有马克思列宁主义者怕群众的道理呢?"② 为此,1950年4月党中央做出了《关于在报纸刊物上展开批评与自我批评的决定》,将党和政府的领导置于人民群众的监督之下,"在一切公开的场合,在人民群众中,特别在报纸刊物上展开对于我们工作中一切错误和缺点的批评与自我批评。"③ 为保证群众的监督,1954年制定的宪法明确规定各级人大及其常设机关,是最高权力机关,同时又行使监督权;明确规定一切国家机关工作人员必须接受群众监督。为广泛发动人民群众对各级领导者的权力加以制约,毛泽东提出实行职工代表大会制、社员代表大会制等群众管理形式,让人民来监督政府,监督领导者。同时,毛泽东还提出要发挥工、青、妇等群众组织的监督作用,发挥民主党派和人民政

---

① 《毛泽东文集》第八卷,人民出版社1999年版第294页,第290—291页。
② 《毛泽东文集》第八卷,人民出版社1999年版,第290—291页。
③ 《建国以来重要文献选编》第一册,中央文献出版社1992年版,第190页。

协的监督作用。"这是因为一个党同一个人一样，耳边很需要听到不同的声音。……有了民主党派，对我们更为有益。"① 1955年3月，毛泽东又向党的全国代表会议提议：按照党章成立中央监察委员会，以加强党的纪律，加强对各种违法乱纪现象的监督和斗争。

执政能力是执政条件下党有效履行执政使命的重要保证，也是党先进性资源的重要来源。如何在尽可能短的时间内学会领导经济建设工作，重建与发展国民经济，是建国后中国共产党所面临的严峻考验。为了应对这种考验，毛泽东指出，我们共产党人不但要善于破坏一个旧世界，还要学会建设一个新世界，这就要求提高各方面的能力，尤其是经济建设的能力。为此，他指出："我们必须克服困难，我们必须学会自己不懂的东西。我们必须向一切内行的人们（不管什么人）学经济工作。拜他们做老师，恭恭敬敬地学，老老实实地学。不懂就是不懂，不要装懂。不要摆官僚架子。钻进去，几个月，一年两年，三年五年，总可以学会的。"② 毛泽东多次强调党的高级领导干部"都要奋发努力，在提高马克思列宁主义水平的基础上，使自己成为精通政治工作和经济工作的专家。一方面要搞好政治思想工作，一方面要搞好经济建设。对于经济建设，我们要真正学懂。"③ 执政能力不仅包括经济建设的能力，还包括民主法制建设、文化建设以及社会建设等方面的内容。就法制建设而言，毛泽东深知法制在社会主义革命和建设中的地位和作用，提出要制定社会主义宪法和其他法律，搞我们自己的一套法律体系。在毛泽东的领导下，根据社会主义革命和建设的需要，陆续制定了《土地改革法》、《婚姻法》、《工会法》、《惩治反革命条例》、《惩治贪污条例》等一系列的法令、法规，有力地支持和保障了建国后各项政治

---

① 《毛泽东文集》第七卷，人民出版社1999年版，第235页。
② 《毛泽东选集》第四卷，人民出版社1991年版，第1481页。
③ 《毛泽东文集》第六卷，人民出版社1999年版，第396页。

运动和社会主义改造的顺利进行。特别值得一提的是,"五四宪法"的诞生,毛泽东亲自担任宪法起草委员会的主席,主持起草工作,不仅对内容的规定而且对文字的表述也作了极为认真地考虑。据统计,从1954年至1957年仅中央一级就颁布了430多件重要法规,使无法可依的状况大为改变。①

四、可靠保障：努力推进国防和军队现代化

政权稳定的一个重要内容就是国家的完整统一,而要做到这一点必须有强大的国防。新中国成立后,中国共产党以维护国家安全利益为出发点,采取一系列措施,努力推进国防和军队现代化建设,从而使新生政权屹立于世界的东方。

"一个国家,一个民族,要生存和发展,要在竞争激烈的国际环境中站稳脚跟,就不能没有正确的军事战略方针。"② 军事战略方针是党和国家根本性的军事政策,是从全局上谋划和指导武装力量建设及其运用的总原则、总纲领。建国之初,针对以美国为首的西方国家对中国采取得严重敌视政策,中国共产党制定了积极防御,巩固国防,与帝国主义作针锋相对的斗争,保卫国家安全的战略方针。在这一战略方针的指导下,一方面,派出中国人民志愿军开赴朝鲜,保家卫国;另一方面,开始努力提高自己的国防能力。

军队是国防力量的主体,一个国家的国防力量首先是通过军队的战斗力体现出来的。军队现代化首要的标志就是武器装备的现代化。毛泽东明确指出:"为了保卫祖国免受帝国主义者的侵略,依靠我们过去和较为落后的国内敌人作战的装备和战术是不够的了,我

---

① 李安增等：《中国特色社会主义理论》,天津社会科学院出版社2000年版,第79页。
② 《江泽民论有中国特色社会主义（专题摘编）》,中央文献出版社2002年版,第449页。

们必须掌握最新的装备和随之而来的最新的战术。"① 为此，抗美援朝时期，我们就花费大量外汇从苏联进口先进武器，从而为最终赢得胜利奠定了基础。但是，进口不能从根本上解决我军武器装备落后的状况。而且我国财力有限，也不可能长期依赖进口。从长远看，我军要真正实现武器装备现代化，必须走自力更生的道路。1951年5月，毛泽东在同即将赴苏联谈判购买武器装备的徐向前谈话时指出：帝国主义如此欺负我们，我们没有自己的兵工工业，不解决部队的武器装备问题，是不行的。要学习苏联，把先进技术拿到手，自力更生，建设一支强大的国防力量。② 从1953年起，中国开始正式仿制苏军武器，逐步实现了武器装备国产化。自力更生不但使我军在20世纪50年代现代化水平获得提高，而且增强了我军现代化建设的后劲，为后来我军现代化建设奠定了坚实的基础。

有了机械化的装备和设备，还"要有大批能够掌握和驾驭技术的人"③。新中国成立初期，人民解放军干部、战士的文化水平普遍较低，这种状况与军队现代化建设的需要很不适应。1950年8月，中央军委发布了《关于在军队中实施文化教育的指示》。1951年底，中央军委决定从1952年起把文化教育作为全军训练的中心任务。随着新军兵种的相继建立和部队武器装备的不断更新，加强解放军战术技术训练日益紧迫，为此，从1952年起，全军掀起了以学技术为主的军事训练热潮。此后，解放军的战术技术与学习文化运动相结合，促进了部队训练的深入开展。为了适应军队现代化建设对干部的需要，1950年6月，中央军委决定改建、新建一批军事院校。到20世纪50年代末，我军各类院校已发展到120多所，共培训干部30余万人，基本形成了诸军兵种院校齐全，初、中、高级院校衔接

---

① 《毛泽东军事文集》第六卷，军事科学出版社、中央文献出版社1993年版，第337页。
② 徐向前：《历史的回顾》，解放军出版社1987年版，第798—799页。
③ 《建国以来毛泽东文稿》第四册，中央文献出版社1990年版，第309页。

的军官培训体系。

"没有科学是无法建设现代化的军队的。"① 新中国成立之初,在我国经济力量、科学技术和工业基础都很薄弱的情况下,毛泽东高瞻远瞩,果断作出了发展我国国防科技事业,走科技兴军之路的决策。1952年7月,毛泽东在对军事学院第一期毕业学员的训词中指出:"我们现在已经进到了建军的高级阶段,也就是进到掌握现代技术的阶段。"② 1955年,在党的全国代表会议上,毛泽东又强调指出:"我们进入了这样一个时期,就是我们现在所从事的、所思考的、所钻研的,是钻社会主义工业化,钻社会主义改造,钻现代化的国防,并且开始要钻原子能这样的历史的新时期。"③ 后来,他又多次号召要搞技术革命,强调科学技术这一仗一定要打,而且必须打好,我军"不但要有更多的飞机和大炮,而且还要有原子弹。在今天的世界上,我们要不受人家欺负,就不能没有这个东西。"④ 在1955年1月由毛泽东主持召开的中共中央书记处扩大会议上,正式通过了着手发展我国原子能事业、研制核武器的决定。由于党中央和毛泽东的高度重视,国防尖端武器的研制工作在不长的时间内就取得了重大进展。

五、重要条件:积极争取国际社会的承认

从国际关系的角度看,一个新生政权要想得到巩固,还涉及到国际社会对该政权的认同问题。"一个国家能够从其他国家获得越多的外交承认,它就越能维护它的主权和合法性。"⑤ 因此,积极发展

---

① 《列宁军事文集》,战士出版社1981年版,第623页。
② 《建国以来毛泽东文稿》第三册,中央文献出版社1990年版,第490页。
③ 《毛泽东文集》第六卷,人民出版社1999年版,第295页。
④ 《毛泽东文集》第七卷,人民出版社1999年版,第27页。
⑤ [美]迈克尔·罗斯金等:《政治科学》,华夏出版社2001年版,第7页。

对关系,争取国际社会的承认,是新生政权巩固必不可少的重要条件。

早在新中国成立前夕,毛泽东和中共中央就开始考虑如何处理国民党政府遗留下来的旧外交、构建新型外交关系的问题。为此,首先确立了"另起炉灶"的方针。1949年1月,中国共产党就在《中央关于外交工作的指示》中指出:"凡属被国民党政府所承认的资本主义国家的大使馆、公使馆、领事馆及其所属的外交机关和外交人员,在人民共和国和这些国家建立正式外交关系以前,我们一概不予承认。"[①] 不承认旧外交,不表明新政权不想得到国际社会的承认。中国共产党是希望在新的基础上同各国另行建立新的外交关系。鉴于国民党集团盘踞台湾和霸占联合国的中国席位,新中国制定了同外国建交的三条具体原则:凡愿与我国建交的国家必须同盘踞在台湾的国民党集团断绝外交关系;对新中国采取友好态度,支持其恢复在联合国的合法席位;通过谈判证实其尊重中国主权的诚意。

由于世界各国对新中国态度有所不同,中国共产党在争取国际承认的问题上采取了区别对待的方针,对以苏联为首的社会主义国家,新中国积极争取它们的承认。建国前,毛泽东就说:"我是想要到苏联去,要求他能带个好头,承认我们的新政府。……成立联合政府,不仅国内要做好准备工作,在国际上也要做好准备工作。"[②] 1949年6月,毛泽东在《论人民民主专政》的文章中公开提出了"一边倒"的方针,即倒向以苏联为首的社会主义一边。新中国成立后,没有经过谈判就迅速与除南斯拉夫以外的社会主义国家建立了外交关系,并与苏联结成了同盟关系。对于与资本主义国家的外

---

① 《中共中央文件选集》第18册,中共中央党校出版社1992年版,第45页。
② 李银桥:《走向神坛的毛泽东》,中外文化出版公司1989年版,第105—106页。

交承认问题，则提出了"打扫干净屋子再请客"的方针。1949年3月，毛泽东在七届二中全会上明确指出：关于帝国主义对我国的承认问题，不但现在不应急于解决，而且就是在全国胜利以后的一个相当时期内也不必急于去解决。因为虽然我们愿意按照平等原则同一切国家建立外交关系，但帝国主义国家是决不能很快地就以平等态度对待我们的，只要一天它们不改变敌视的态度，我们就一天不给帝国主义国家在中国以合法的地位。

根据上述原则与方针，到建国一周年时，新中国已与苏联等17个国家建立了外交关系。另有8个国家表示承认新中国。到1956年底，同新中国建交的国家增加到26个，还同两个国家建立了代办级的"半外交"关系。国际社会对新中国的承认，表明中国共产党执政的新政权在国际社会获得了合法性。在国际关系中，如果一个国家具有较高的政治合法性，在国际社会权力运作中受到的阻力就小，收益就大。苏联等社会主义国家对新中国的承认，特别是中苏同盟的形成，从而在艰难的条件下，为新中国的社会主义建设赢得了一个相对有利的国际环境。1956年9月，毛泽东在接见阿尔巴尼亚劳动党代表团时非常坦率地说：苏联给我们的援助是非常大的。苏联革命成功后遭十几国干涉，而我国革命胜利的时候，帝国主义并未干涉我们，并不是怕我国人民，主要是有苏联存在，这对我们鼓励很大。当时若无苏联存在，美国一定要来的。它不仅在台湾，还要到大陆来。

总体来说，新中国成立初期，中国共产党为巩固新生政权所作的努力是卓有成效的，新生的人民政权战胜了种种困难，站稳了脚跟。这一时期所积累的宝贵经验，为今天中国共产党加强执政能力建设，巩固执政地位，进而维护政权稳定提供了一份珍贵的历史资料。

新中国成立以来党的基本路线的历史演进及启示

【内容提要】 新中国成立以来,中国共产党先后制定和实施了四条基本路线,分别是:"一化三改"的党在过渡时期的总路线、"高速度为灵魂"的社会主义建设总路线、"以阶级斗争为纲"的"党在整个社会主义历史阶段的基本路线"、"一个中心、两个基本点"为核心内容的党在社会主义初级阶段的基本路线。党的基本路线的历史演进启示我们:一是党的基本路线是党和国家的生命线、人民的幸福线;二是制定和执行党的基本路线,必须立足基本国情、遵循客观规律;三是新时代坚持党的基本路线,必须要做到丝毫不能动摇;四是新时代坚持党的基本路线,必须深刻把握"三个基本"的内在统一性。

新中国成立以来,中国共产党在各个时期制定和实施了四条不同的基本路线。考察党的基本路线演进的历史轨迹,总结其成功的经验和失误的教训,对于新时代坚持党在社会主义初级阶段的基本路线不动摇,推进中国特色社会主义伟大事业具有重要的现实意义。

一、"一化三改"的过渡时期总路线

新民主主义革命取得伟大胜利,并建立了新民主主义社会后,向社会主义过渡的任务摆在中国共产党面前。早在党的七届二中全会上,毛泽东就指出了革命胜利以后,"中国由农业国转变为工业国、由新民主主义社会转变为社会主义社会的发展方向"①。1951年前后,党内大体上形成了先用三个五年计划的时间搞工业化建设,再向社会主义过渡的共识。从1949年至1952年,中国共产党紧紧围绕国民经济的恢复和发展开展各项工作,在很短的时期内就完成了新民主主义革命所遗留下来的各项任务,取得了历史性的巨大成就。根据变化的形势,毛泽东对中国向社会主义过渡的问题又有了新的思考和认识,在1952年9月的中央书记处会议上,他指出:"我们现在就要开始过渡。"② 此后,毛泽东连续谈到"从现在逐步过渡到社会主义去"的重要思想,并得到刘少奇、周恩来等中央其他领导人的赞同和进一步阐述。1953年6月,在中央政治局会议上,毛泽东对过渡时期的总路线和总任务作了第一次比较完整的表述,即:"从中华人民共和国成立,到社会主义改造基本完成,这是一个过渡时期。党在这个过渡时期的总路线和总任务,是要在一个相当长的时期内,逐步实现国家的社会主义工业化,并逐步实现国家对农业、手工业和对资本主义工商业的社会主义改造。"③ 1954年2月,党的七届四中全会正式批准了这条总路线。同年9月,一届全国人大一次会议将这一总路线载入中华人民共和国宪法。

过渡时期总路线通常被称为"一化三改"的总路线,是一条社

---

① 《毛泽东选集》第四卷,人民出版社1991年版,第1424—1425页。
② 薄一波:《若干重大决策与事件的回顾》,人民出版社1997年版,第220页。
③ 《建国以来重要文献选编》第四册,中央文献出版社2011年版,第602页。

会主义经济建设与社会主义改造同时并举的总路线。虽然它没有明确提出党的工作重心要转移到经济建设上去,但是已经蕴含其义,从而为党在社会主义时期中心任务的确立奠定了基础。总路线把"一化"与"三改"紧密结合起来,从而把社会制度方面的革命与技术方面的革命、把解放和发展生产力同变革生产关系辩证统一起来,这反映了经济落后国家进行社会主义革命和建设的特殊性。在这一总路线的指引下,我国顺利完成了社会主义改造,建立了社会主义制度,完成了中华民族有史以来最为广泛而深刻的社会变革,为当代中国的一切发展进步奠定了根本政治前提和制度基础,为中国发展富强、中国人民生活富裕奠定了坚实基础。对此,邓小平曾指出:"我们的社会主义改造是搞得成功的,很了不起。这是毛泽东同志对马克思列宁主义的一个重大贡献。"①

同时,这一总路线也存在一些局限性。其一,总路线偏重于社会主义改造。总路线的学习和宣传提纲中有这样一句十分重要的话:"党在过渡时期总路线的实质,就是要使生产资料的社会主义所有制成为国家和社会唯一的经济基础。"②"实质"二字说明,"并举战略"的侧重点是对生产资料私有制进行社会主义改造,是变革生产关系。③"一化三改"的重点不是"一化"而是"三改"。毛泽东明确指出:"总路线就是逐步改变生产关系。"④ 当时从中央到地方各级党委的主要精力也都放在社会主义改造上。毛泽东曾明确说:"中央现在百分之七八十的精力都集中在抓社会主义改造。而他本人可以说是全力以赴"⑤。其二,总路线作为一种社会发展战略,只有经

---

① 《邓小平文选》第二卷,人民出版社1994年版,第302页。
② 《毛泽东文集》第六卷,人民出版社1999年版,第316页。
③ 李安增:《过渡时期总路线与新民主主义社会论》,载《党史研究与教学》,1999年第6期。
④ 《毛泽东文集》第六卷,人民出版社1999年版,第305页。
⑤ 石仲泉:《毛泽东的艰辛开拓》,中共党史出版社1996年版,第175页。

济方面的内容，缺乏上层建筑和精神文化等方面的内容规定。马克思主义关于从资本主义向共产主义过渡是全面的过渡。中国从传统农业向工业社会转变，实现工业化是核心内容，但现代化不仅仅限于工业化，而应是全面的发展。

二、"高速度为灵魂"的社会主义建设总路线

社会主义建设总路线，是在新中国成立以后8年间逐渐形成的。1959年底到1960年初，毛泽东在《读苏联〈政治经济学教科书〉谈话记录》中对此曾做过说明："由于我们没有管理全国经济的经验，所以第一个五年计划的建设，不得不基本上照抄苏联的办法。到生产资料私有制的社会主义改造基本完成以后，我们就提出了建设社会主义的两种方法问题，在一九五八年形成了社会主义建设总路线。一九五六年提出《论十大关系》，提出多快好省，这是社会主义建设总路线形成的开始。一九五六的跃进，出来了一个反冒进，经过了一次曲折。一九五七年九月（八届）三中全会恢复多快好省。一九五八年春南宁、成都会议上批判反冒进，形成鼓足干劲、力争上游、多快好省地建设社会主义这条总路线的提法。五月，党的八大二次会议正式通过总路线。"[①] 社会主义建设总路线的基本思想就是打破常规，高速度发展生产。这一总路线的提出不是偶然的，它是中国社会主义特殊历史条件下的产物。

从国际因素来看。首先，国际反华势力十分猖獗，新中国处在被包围封锁之中，这种不利的形势无疑会使毛泽东等党和国家领导人产生一种巨大的危机感，一定程度上增强了其富民强国的紧迫感。其次，社会主义阵营内部出现了赶超资本主义国家的热潮，同时中

---

① 薄一波：《若干重大决策与事件的回顾》，人民出版社1997年版，第682页。

苏两党两国关系呈现非正常化发展，这就使毛泽东产生了先于苏联实现赶超目标的想法。再次，战后西方资本主义国家迅速恢复了经济并相继进入起飞阶段，一定程度上也增加了毛泽东等中国领导人加速经济建设的思想压力。最后，日内瓦会议和万隆会议召开后，国际形势由紧张走向缓和，为大规模的经济建设提供了现实依据和某种客观可能性。① 在这样的国际环境下提出社会主义建设总路线，加速经济发展应不足为怪。

从国内情况来看，新中国成立后，中国人民虽然在政治上实现了完全解放，但国家"一穷二白"的落后面貌并没有得到根本改变。这对立志为民族解放、国家富强和人民幸福而奋斗的毛泽东来说，是决不能任其长期存在的。强烈的民族自尊心和自信心，使毛泽东希望把常规的现代化进程大大压缩，在低起点上实现高目标。同时，社会主义改造的提前完成，又使党中央和毛泽东认为社会主义建设的历史进程可以人为地加快。在这种情况下，八大二次会议通过社会主义建设总路线可以说是顺理成章了。

社会主义建设总路线的提出，体现了党中央和毛泽东试图把工作重心转移到经济建设上去的决心，反映了全党和全国人民迫切要求改变全面落后状况的强烈愿望。1958 年 6 月 21 日，《人民日报》以《力争高速度》为题发表社论，指明"速度是总路线的灵魂"，号召全党全民"高速度地前进"。从高速度发展生产力这一良好愿望出发，在总路线的指引下，随后相继发动了"大跃进"和人民公社化运动。但遗憾的是，我国经济建设并没有实现所预想的那样全面跃进。导致主观愿望与客观效果大相径庭的原因固然有许多，但社会主义建设总路线本身的不完善、不科学，无疑是最重要的原因之一。

首先，总路线没有对综合平衡给以足够重视。国民经济要求有

---

① 李安增、赵付科：《"大跃进"运动发生的国际因素探析》，载《理论学刊》2001 年第 1 期。

计划按比例地协调发展，这是一个不可违背的经济规律。但是，在社会主义建设总路线的基本点中，却完全不提这一点。失去综合平衡的制约，比例必然会严重失调，多快好省、工农业并举也就成为一句空话。第二，总路线只强调"鼓足干劲、力争上游"这一精神上的力量，而忽视了物质利益原则。正如邓小平所说："革命精神是非常宝贵的，没有革命精神就没有革命行动。但是，革命是在物质利益的基础上产生的，如果只讲牺牲精神，不讲物质利益，那就是唯心论。"① 第三，总路线虽提出"多快好省"，但片面追求高速度，把速度作为总路线的灵魂，从而忽视了质量和效益。"没有一定质量与效益的速度，不仅没有实际意义，而且势必造成社会财富的浪费，最终也快不了，也不可能实现和保持高速度前进。"②

三、"以阶级斗争为纲"的"党在整个社会主义历史阶段的基本路线"

"以阶级斗争为纲"的基本路线的形成有一个过程，它是从改变党的八大关于主要矛盾的论断开始的，八大对我国社会主义改造基本完成后国内无产阶级与资产阶级的矛盾状况和主要矛盾的变化，作了正确的规定和论述，作出了把党的工作重点转移到发展生产力上的决策。但是，1957年反右派斗争开始后，毛泽东对阶级斗争有了新的认识。他在党的八届三中全会上说："无产阶级和资产阶级的矛盾，社会主义道路和资本主义道路的矛盾，毫无疑问，这是当前我国社会的主要矛盾。"③ 并对八大关于主要矛盾的论断提出了批评。1958年5月党的八大二次会议肯定了上述观点，而且强调指出，在

---

① 《邓小平文选》第二卷，人民出版社1994年版，第146页。
② 薄一波：《若干重大决策与事件的回顾》，人民出版社1997年版，第699页。
③ 《毛泽东年谱（1949—1976）》第3卷，中央文献出版社2013年版，第223页。

整个过渡时期,即在社会主义建成之前,无产阶级同资产阶级之间的斗争,始终是我国的主要矛盾。1959年的庐山会议错误地发动了对彭德怀的批判,这就将阶级斗争进一步从社会引申到党内,为开展党内的阶级斗争提供了依据。党的八届十中全会又将阶级斗争进一步扩大化、绝对化,提出阶级斗争要"年年讲、月月讲、天天讲"。1964年"整党内那些走资产阶级道路的当权派"的提出,更是将阶级斗争的锋芒指向了党的领导核心,为"文化大革命"的发动埋下了伏笔。1969年4月,林彪在党的九大政治报告中,无视社会主义阶段最根本任务就是发展生产力这一客观规律,不顾广大人民当时经济生活贫困、政治生活动荡不安的状况,把"认真搞好斗、批、改"确定为全党的中心任务。第一次把在社会主义阶段的任何时候,任何情况下都要以阶级斗争为中心的错误指导思想,正式规定为"我党在整个社会主义历史阶段的基本路线",使"文化大革命"的错误理论和错误实践合法化。

"以阶级斗争为纲"的基本路线造成了人们思想上的空前混乱和对马列主义信仰的严重削弱,严重悖离了社会主义初级阶段大力发展生产力的根本任务,使我国又一次丧失了难得的发展机会,与世界先进国家的差距进一步拉大。

四、"一个中心、两个基本点"的党在社会主义初级阶段的基本路线

"如同民主革命时期经历了20多年的曲折,我们党才形成一条指引中国新民主主义革命的正确路线一样,社会主义时期也经历了20多年的曲折,我们党才深刻认识到我国现在还处在社会主义初级阶段,认识到改革开放是社会主义的必由之路,也是实现中国特色社会主义的必由之路,从而正确制定了党在社会主义初阶阶段的基

本路线。"① 党的十三大明确概括和全面阐发了这一基本路线，即"领导和团结全国各族人民，以经济建设为中心，坚持四项基本原则，坚持改革开放，自力更生，艰苦创业，为把我国建设成为富强民主文明的社会主义现代化国家而奋斗。"② 这一概括是对党的十一届三中全会以来路线、方针、政策的总结和升华。党的十四大把这一基本路线写入党章，以党的根本大法的形式确立和保证了其根本地位。

此后，随着党对中国特色社会主义总体布局认识的逐步加深，基本路线的奋斗目标也得到不断完善。党的十六届六中全会提出了构建社会主义和谐社会的战略目标，中国特色社会主义总体布局由"三位一体"发展为"四位一体"，党的十七大顺应各族人民过上更好生活的新期待，对应社会建设，在党章中，基本路线对奋斗目标的表述增加了"和谐"二字。党的十八大提出了生态文明建设，形成了"五位一体"的总体布局。党的十九大形成了"两步走"的战略安排，提出到2050年全面建成富强民主文明和谐美丽的社会主义现代化强国。与此相对应，十九大新修订的党章中，基本路线对奋斗目标的表述上，不仅增加了"美丽"的内容，而且还将"社会主义现代化国家"升级为"社会主义现代化强国"，拓展了党的基本路线的内涵，提升了社会主义初级阶段的奋斗目标。

同改革开放之前党的基本路线相比，新时期党的基本路线具有以下特点：

一是更加符合我国实际。改革开放前，中国共产党虽然经过艰辛的探索，提出了各个时期的基本路线，初步改变了我国"一穷二

---

① 薄一波：《若干重大决策与事件的回顾》，人民出版社1997年版，第701页。
② 《十三大以来重要文献选编》上，人民出版社1991年版，第15页。

白"的落后面貌,但由于在指导思想上犯了"左"倾错误,对国情认识发生了偏差,在经济建设上急于求成,追求高速度,结果欲速则不达。特别是"以阶级斗争为纲"的基本路线给我国造成了严重的灾难。改革开放之后,经过不断探索,中国共产党最终确立了"一个中心、两个基本点"的基本路线。新时期党的基本路线是中国共产党把马克思主义基本原理同社会主义初级阶段的实际相结合的产物,反映了社会发展的客观规律,代表了全国各族人民的根本利益和愿望。

二是实现了党的工作重心的彻底转移。基本路线的主要内容之一就是党的中心工作或中心任务。改革开放之前,中国共产党曾对党的工作重心的转移和党在社会主义时期的中心任务问题,进行过艰辛探索。社会主义建设总路线强调了"建设"是中心任务,但未进一步明确"以经济建设为中心",而是提出了"五个革命"并举,即"在继续完成经济战线、政治战线和思想战线上的社会主义革命的同时,逐步实现技术革命和文化革命"①。"文化大革命"时期更是强调"以阶级斗争为纲"。邓小平在1980年的一次会上指出:"近三十年来,经过几次波折,始终没有把我们的工作着重点转到社会主义建设这方面来"②。"一个中心、两个基本点"的基本路线紧紧扭住经济建设这个中心不放松,从而实现了工作重心的彻底转移。作为兴国之要的"以经济建设为中心",在基本路线中经历了从"无中心"到"多中心"再到"一个中心"的发展过程,体现了中国共产党对"怎样建设社会主义"认识的深化。③

---

① 刘少奇:《中国共产党中央委员会向第八届全国代表大会第二次会议的工作报告》,载《人民日报》,1958年5月27日。
② 《邓小平文选》第二卷,人民出版社1994年版,第249页。
③ 王香平:《新中国成立以来党的基本路线的历史演进及其经验启示》,载《当代中国史研究》,2010年第2期。

三是将改革开放作为经济社会发展的强大动力。改革开放前制定的基本路线,不同程度地存在忽视争取有利国际环境,将自己陷入孤立境地的缺点。同时,社会主义在实际运行过程中又逐步形成了封闭僵化的体制机制。党的十一届三中全会开启了改革开放的大门。改革被视为中国的第二次革命,是社会主义制度的自我完善和发展,从而解决了社会主义社会的发展动力问题。开放也是改革,把自己孤立于世界之外、关起门来搞建设是不行的。新时期党的基本路线,将改革开放作为强国之路,作为"两个基本点"之一。实践表明,改革开放是决定当代中国命运的关键,是当代中国发展进步的活力之源。

四是发展战略目标更加明确具体。党在过渡时期的总路线提出"实现国家的社会主义工业化";刘少奇在党的八大二次会议的政治报告中明确了社会主义建设总路线的基本点是"尽快地把中国建设成为一个具有现代工业、现代农业和现代科学技术的伟大的社会主义国家"[1];新时期党的基本路线将建设"社会主义现代化强国"作为战略目标。可见,社会主义工业化、现代化是贯穿新中国成立以来党的基本路线的主线,但是具体建设什么样的社会主义现代化国家(强国),在新时期党的基本路线中才有了明确内涵。[2] 与中国特色社会主义"五位一体"总体布局相吻合,富强、民主、文明、和谐、美丽,分别从经济、政治、文化、社会、生态等五个方面,对社会主义现代化提出了具体要求,进一步丰富和拓展了社会主义现代化的内涵和外延。

---

[1] 刘少奇:《中国共产党中央委员会向第八届全国代表大会第二次会议的工作报告》,载《人民日报》,1958年5月27日。

[2] 王香平:《新中国成立以来党的基本路线的历史演进及其经验启示》,载《当代中国史研究》,2010年第2期。

五、几点启示

第一,党的基本路线是党和国家的生命线、人民的幸福线。

新中国成立以来党的基本路线演进的历史表明,党的基本路线正确与否,事关党自身的生存发展,事关国家的前途命运,事关人民的幸福安康。新中国成立初期,党制定了过渡时期总路线,尽管这条总路线带有一些局限性,但是,在这一总路线的指引下,党领导人民完成了中华民族有史以来最为广泛而深刻的社会变革,为国家的进步和发展奠定了根本基础。社会主义建设总路线片面地强调一个"快"字,存在缺陷,结果使生产力遭到极大破坏,并由此造成了我国经济生活连续三年的严重困难,拉大了我国与世界发达国家的距离。"以阶级斗争为纲"的基本路线,更是使中国陷入了"文化大革命"的十年浩劫。改革开放之后,我们党深刻总结经验教训,制定并贯彻执行了"一个中心、两个基本点"的基本路线,不仅使中国驶入了高速发展的快车道,经济总量稳居世界第二,而且使7亿多人口摆脱了贫困,实现了由贫穷到温饱再到总体小康的历史性跨越,并向着决胜全面小康迈进。2009年9月1日,在新中国成立60周年前夕,习近平在中央党校2009年秋季开学典礼的讲话中指出:"60年党的政治路线发展演变及其实践结果表明:政治路线正确与否,直接关系到党、国家和人民事业的盛衰。"① 党的十八大以来,习近平更是从生命线、幸福线的高度,进一步深刻揭示了党的基本路线对于党、国家和人民的重要性。2012年11月17日,习近平在十八届中央政治局第一次集体学习时指出:"党在社会主义初级阶段的基本路线是党和国家的生命线。"② 在2016年的"七一

---

① 习近平:《关于新中国60年党的建设的几点思考》,载《学习时报》,2009年9月28日。
② 《十八大以来重要文献选编》上,中央文献出版社2014年版,第76页。

讲话"中,他进一步强调指出:"党的基本路线是国家的生命线、人民的幸福线。"① 只要抓住了、抓好了这条生命线、幸福线,"党就会赢得人民的支持和拥护,国家的发展就会沿着正确的方向前进"②。

第二,制定和执行党的基本路线,必须立足基本国情、遵循客观规律。

毛泽东指出:"认清中国的国情,乃是认清一切革命问题的基本的根据。"③ 制定和执行党的基本路线,同样也要对中国的国情有一个清醒、冷静、客观的认识,真正把握中国所处的历史阶段和发展水平,特别是对制约经济社会发展的不利因素和条件有足够的认识,以便有针对性地寻找对策。社会主义制度确立后,在制定和执行党的基本路线时,由于对社会主义初级阶段这一基本国情还没有一个正确地认识,出现了一些脱离实际、超越阶段的主观主义的思想和做法,结果欲速则不达。进入新时期,中国共产党对社会主义及基本国情进行再认识,明确提出了我国正处于并将长期处于社会主义初级阶段的科学论断,并在此基础上形成了"一个中心、两个基本点"为核心内容的党的基本路线。习近平明确指出:"我国正处于并将长期处于社会主义初级阶段,这是我们党制定路线方针政策的根本依据"④,"党的基本路线是在深刻认识社会主义初级阶段基本国情的基础上制定的"⑤。制定和执行党的基本路线,还必须遵循客观经济规律。经济规律是经济现象之间内在的、本质的联系,是不以人的意志为转移的客观必然。遵循客观经济规律就能使建设和发

---

① 《十八大以来重要文献选编》下,中央文献出版社2018年版,第349页。
② 习近平:《关于新中国60年党的建设的几点思考》,载《学习时报》,2009年9月28日。
③ 《毛泽东选集》第二卷,人民出版社1991年版,第633页。
④ 《十七大以来重要文献选编》上,中央文献出版社2009年版,第260页。
⑤ 《十七大以来重要文献选编》上,中央文献出版社2009年版,第261页。

展取得预期效果；违背经济规律就会遭到挫折和损失。1958年八大二次会议通过的社会主义建设总路线，虽反映了广大人民群众迫切要求改变落后面貌的强烈愿望，但忽视了对客观经济规律的认识，片面夸大了主观意志和主观努力的作用，急于求成，结果给国家造成严重损失。"文化大革命"期间更是严重破坏经济规律，造成了一场大灾难。改革开放以来，我们遵循了客观规律，中国特色社会主义事业取得了巨大成就。由此可见，党的基本路线的制定和实施，必须按客观经济规律办事。

第三，新时代坚持党的基本路线，必须要做到丝毫不能动摇。

党的十八大以来，习近平多次强调，党的基本路线必须要长期坚持，丝毫不能动摇。"一个中心、两个基本点"为核心内容的党的基本路线，是基于我国社会主义初级阶段这一基本国情而形成和确立的，适用于整个社会主义初级阶段。当前，中国特色社会主义虽然已进入新时代，但是，我国仍处于并将长期处于社会主义初级阶段的基本国情没有变。基本国情没有变，以此为根本依据确立的基本路线就不会过时，必须丝毫不能动摇。同时，党的基本路线以富强民主文明和谐美丽作为价值追求，符合人类发展的大潮流；既强调自力更生、艰苦奋斗，又把改革开放作为强国之路，符合世界发展大势；建成社会主义现代化强国，实现中华民族伟大复兴的中国梦，凝聚着几代中国人的夙愿。因此，习近平特别提醒全党，要"多从人类发展大潮流、世界变化大格局、中国发展大历史来认识和把握党的基本路线，深刻领会为什么基本路线要长期坚持"[①]。当然，强调坚持党的基本路线不动摇，并不意味着基本路线的内容就一成不变。基本路线"谓之'基本'，就是因为它反映的是基本规律，规定的是基本方向，涉及的是基本方略……说基本路线不能变，所

---

① 《习近平谈治国理政》第二册，外文出版社2017年版，第188页。

指的就是基本的东西不能变。"① 新时代坚持党的基本路线不动摇，主要是"坚持把以经济建设为中心作为兴国之要、把四项基本原则作为立国之本、把改革开放作为强国之路，不能有丝毫动摇"②，牢牢把握"一个中心，两个基本点"的辩证关系，"既不偏离'一个中心'，也不偏废'两个基本点'"③。

第四，新时代坚持党的基本路线，必须深刻把握"三个基本"的内在统一性。

党的十九大报告首次提出了"三个基本"，并强调："全党同志必须全面贯彻党的基本理论、基本路线、基本方略，更好引领党和人民事业发展。"④ 党的基本理论为党的基本路线的形成与发展提供了理论依据，也为党的基本路线的贯彻实施提供了强大自信和定力。党的十三大形成了社会主义初级阶段理论，并正式提出和确立了新时期党的基本路线。社会主义初级阶段理论是新时期党的基本路线的理论基础。可以说，没有社会主义初级阶段理论就不可能有新时期党的基本路线。因此，新时期党的基本路线，又称之为党在社会主义初级阶段的基本路线。党的基本路线的发展与完善，又与党的基本理论特别是关于中国特色社会主义总体布局的认识不断加深相联系。党的基本路线在贯彻实施的过程中，会遇到来自各方面的干扰和风险挑战，不可能一帆风顺。恩格斯说过："只有清晰的理论分析才能在错综复杂的事实中指明正确的道路。"⑤ 因此，只有不断创新党的基本理论，不断发展 21 世纪马克思主义、当代中国马克思主义，增强理论自信和战略定力，才能更好地排除和抵抗各种干扰与

---

① 李忠杰：《邓小平与社会主义初级阶段的基本路线》，载《中共党史研究》，2004 年第 5 期。
② 《十八大以来重要文献选编》下，中央文献出版社 2018 年版，第 349 页。
③ 《十八大以来重要文献选编》上，中央文献出版社 2014 年版，第 176 页。
④ 习近平：《决胜全面建成小康社会 夺取新时代中国特色社会主义伟大胜利》，载《人民日报》，2017 年 10 月 28 日。
⑤ 《马克思恩格斯全集》第 37 卷，人民出版社 1971 年版，第 283 页。

风险，确保坚持党的基本路线始终不动摇。党的基本方略是党的基本路线在实践中的深入展开，也是检验基本理论、基本路线正确与否的试金石。邓小平指出："如果没有政策和策略，党的路线就是空的。正确的路线一定要用正确的政策和策略来保证。"[1] 党的十九大提出的"14个坚持"基本方略，是新时代中国特色社会主义实践的"路线图"和"方法论"，不仅体现了"以经济建设为中心"的根本准则，而且体现了"两个基本点"的根本要求。由于基本方略是理论与实践相接壤的部分，党的基本理论是否科学，基本路线是否正确，都要通过基本方略的实施效果来检验。[2] 因此，新时代坚持党的基本路线不动摇，必须深刻把握基本理论、基本路线、基本方略的内在统一性，不断推进党的基本理论创新和党的基本方略实施。

---

[1] 《邓小平文选》第一卷，人民出版社1994年版，第107页。
[2] 杜玉华：《论新时代党的基本理论、基本路线、基本方略的内在统一》，载《探索》，2019年第1期。

十八大以来党的建设质量不断提高的基本经验

【内容提要】 进入新时代，全面从严治党成效显著，党的建设质量不断提高。其基本经验可概括为：只有高标准才有高质量，坚持高标准推进党的建设，是其基本前提；将党的政治建设摆在首位，使党的建设质量沿着正确政治方向提高，是其根本保障；坚持问题导向，发扬彻底的自我革命精神，是其强大动力；深化对党的建设规律的认识和把握，坚持从严治党与科学治党相结合，是其本质要求；切实增强管党治党的系统性和协同性，是其推进路径。

习近平总书记在党的十九大报告中首次提出了"党的建设质量"概念。党的十八大以来，全面从严治党成效显著，党的建设质量不断提高。深入总结党的建设质量不断提高的基本经验，对于新时代坚持和加强党的全面领导、建设"伟大工程"具有重要意义。

一、基本前提：只有高标准才有高质量

党的建设是一项新的伟大工程。既然是一项工程，就要涉及到工程质量。工程质量的高低与标准密切相关。2014年3月18日，习近平总书记在河南兰考调研指导教育实践活动时强调："标准决定质

量,有什么样的标准就有什么样的质量,只有高标准才有高质量。"①提高党的建设质量,基本前提就是要确立高标准。党的十八大以来,以习近平同志为核心的党中央高度重视党的建设质量标准问题,坚持高标准严要求,推动了党的建设质量不断提高。

就党的建设质量的宏观标准而言,习近平在党的十九大报告中明确提出了"始终走在时代前列、人民衷心拥护、勇于自我革命、经得起各种风险考验、朝气蓬勃的马克思主义执政党"②的党建质量标准。"始终走在时代前列"强调的是先进性标准,"人民衷心拥护"强调的是宗旨性标准,"勇于自我革命"强调的是动力性标准,"经得起各种风险考验"强调的是定力性标准,"朝气蓬勃"强调的是活力性标准,"马克思主义执政党"则强调的是本质性标准。其中,本质性标准是管总的,其他几个标准都是为本质性标准服务的。党的十八大以来,全面从严治党之所以成效卓著,党的建设质量之所以不断提高,正是因为严格遵循了上述高标准。

提高党的建设质量,不仅要重视宏观质量标准,还要重视不同领域党的建设质量标准。进入新时代,习近平曾在不同的场域,对党员发展标准、合格党员标准、好干部标准、从严管理干部的标准、党的高级干部标准等提出了具体的要求。党员是党的肌体的细胞,党员质量直接决定着党的建设质量。提高党员质量,必须落实到党员队伍的管理中去,处理好党员数量与质量的关系,首先就要把好入口关。习近平强调指出:要按照"控制总量、优化结构、提高质量、发挥作用"的总要求,按照党章规定的党员标准,"党组织要严格把关,把政治标准放在首位,确保政治合格"来发展党员,对

---

① 《习近平在调研指导兰考县党的群众路线教育实践活动时强调:大力学习弘扬焦裕禄精神 继续推动教育实践活动取得实效》,载《人民日报》,2014年3月19日。
② 《中国共产党第十九次全国代表大会文件汇编》,人民出版社2017年版,第50页。

于"那些动机不纯、一心想借入党捞好处的人,不能吸收入党"。①对于如何做一名合格党员,以习近平同志为核心的党中央提出了"四讲四有"的标准,即"讲政治、有信念,讲规矩、有纪律,讲道德、有品行,讲奉献、有作为"②。在此基础上,又明确提出了"四个合格"的要求,即"政治合格、执行纪律合格、品德合格、发挥作用合格"③。政治合格实际上是政治标准,执行纪律合格讲的是纪律标准,品德合格明确的是品德标准,发挥作用合格树立的是工作标准。

治国之要,首在用人,就要建设一支宏大的高素质干部队伍。何为高素质的好干部?为此,习近平提出了新时代好干部的标准,即:信念坚定、为民服务、勤政务实、敢于担当、清正廉洁。同时,他特别强调:"理想信念坚定,是好干部第一位的标准,是不是好干部首先看这一条。如果理想信念不坚定,不相信马克思主义,不相信中国特色社会主义,政治上不合格,经不起风浪,这样的干部能耐再大也不是我们党需要的好干部。"④ 从严治党的重点,在于从严管理干部,要坚持以严的标准要求干部,"就是要以党章规定的干部条件为依据,突出干部的先进性和示范性,不能把干部管理标准降低到不违纪违法就行的低水平上。"⑤ 党的高级干部特别是中央领导层组成人员是"关键少数"中的"关键少数"。2012年11月15日,习近平在十八届一中全会上的讲话中,首次提出了作为党的高级干部,"要按照马克思主义政治家的标准严格要求自己"。在此基础上,2015年12月29日,他又对中央政治局的同志提出了更高的标

---

① 《十八大以来重要文献选编》上,中央文献出版社2014年版,第351页。
② 《十八大以来重要文献选编》下,中央文献出版社2018年版,第225页。
③ 《十八大以来重要文献选编》下,中央文献出版社2018年版,第676页。
④ 《习近平关于全面从严治党论述摘编》,中央文献出版社2016年版,第134页。
⑤ 《习近平关于党风廉政建设和反腐败斗争论述摘编》,中央文献出版社、中国方正出版社2016年版,第137页。

准，强调要努力成为"高水平的马克思主义政治家"。①

从习近平总书记的上述重要讲话中可以看出，无论是对整个党的建设质量，还是对党员发展质量、党员质量、党的干部质量、党的高级干部质量等，都是按照高标准来要求的。标准决定质量，正是坚持了高标准，党的建设质量才能不断得到提高。

二、根本保障：把党的政治建设摆在首位

旗帜鲜明讲政治是马克思主义政党的本质要求。党的十八大以来，党的建设的一个鲜明的特点，就是把党的政治建设摆在首位。无论是党员发展标准、合格党员标准、好干部标准还是党的高级干部标准，都把政治标准放在第一位。进入新时代，党的建设质量不断提高的一条基本经验，就是牢牢抓住党的政治建设，将其作为根本性建设摆在首位。

坚持党中央权威和集中统一领导，是我国革命、建设和改革成功的一条重要经验，是一个成熟的马克思主义执政党的重大建党原则。但是，一段时间以来，由于对党的政治建设重视力度不够，个人主义、分散主义、自由主义、本位主义、山头主义等严重挑战着党中央的权威，权威意识的淡化又使党的集中统一领导落于空泛的形式，最终使党内出现了号召不强、引领无力、斗志不足、举措不当的宽、松、软问题，致使党的建设质量不高。②因此，把党的政治建设摆在首位，不断提高党的建设质量，首要的任务就是要坚持党中央权威和集中统一领导，否则政治建设就会误入歧途。习近平强调指出："每一个党的组织、每一名党员干部，无论处在哪个领域、

---

① 陈小林：《习近平加强中央政治局建设思想的五大看点》，载《中国党政干部论坛》，2016年第4期。
② 孙道壮、张士海：《新时代加强党的政治建设的主要向度》，载《理论学刊》，2018年第3期。

哪个层级、哪个部门和单位，都要服从党中央集中统一领导，确保党中央令行禁止。"[1] 党的十八大以来，在管党治党的具体实践中，全党始终把向党中央看齐作为最最紧要的政治，牢固树立"四个意识"。党的坚强领导源于党的坚强核心。邓小平指出："党一定要有领袖，有领导核心。……领袖就是团结的核心，他本身就是力量。"[2] 党的十八届六中全会明确了习近平同志为党中央的核心和全党的核心地位，这是个历史性的决策。党的十九大修改通过的《中国共产党章程》和2018年新修订的《中国共产党纪律处分条例》，也特别把牢固树立"四个意识"，坚决维护习近平总书记的核心地位，坚决维护党中央权威和集中统一领导等内容写入其中，使其具有法规制度的保证。

　　纪律不严，党的政治建设就无从谈起。习近平指出："严明党的纪律，首要的就是严明政治纪律。"[3] 把党的政治建设摆在首位，必须要严明党的政治纪律和政治规矩。习近平多次告诫全党，政治纪律和政治规矩是党最根本、最重要的纪律。全党要严格遵守政治纪律和政治规矩，在政治立场、政治方向、政治原则、政治道路上同党中央保持高度一致。他敏锐地觉察到，腐败问题与政治问题往往交织在一起，二者是相伴而生的。因此，就严守政治纪律和政治规矩、做政治的明白人，他提出了五点要求：一是必须维护党中央权威，二是必须维护党的团结，三是必须遵循组织程序，四是必须服从组织决定，五是必须管好亲属和身边工作人员。党的十八以来，党中央把违反政治纪律问题作为巡视和派驻监督重点，切实解决无视政治纪律和政治规矩的"七个有之"问题。"五年来，共立案审

---

[1] 《十八大以来重要文献选编》下，中央文献出版社2018年版，第585—586页。
[2] 《邓小平文集（1949—1974）》下卷，中央文献出版社2014年版，第222页。
[3] 《习近平关于全面从严治党论述摘编》，中央文献出版社2016年版，第95页。

查违反政治纪律案件1.5万件,处分1.5万人,其中中管干部112人。"① 2018年新修订的《中国共产党纪律处分条例》,也进一步加大了对"七个有之"的处分力度。

党内政治生活是加强政治建设的主要平台。有什么样的党内政治生活,就有什么样的党内政治生态。一段时间以来,由于党内政治生活不规范,污浊了党内政治生态,从而严重削弱了党的执政能力。对此,习近平多次强调指出:"党要管党,首先要从党内政治生活管起;从严治党,首先要从党内政治生活严起。"② 党的十八届六中全会通过了《关于新形势下党内政治生活的若干准则》,以党内法规的形式,从制度上对党内政治生活加以规范,从而达到标本兼治的目的。党的十九大报告再次强调:"要尊崇党章,严格执行新形势下党内政治政治生活准则,增强党内政治生活的政治性、时代性、原则性、战斗性",以"营造风清气正的良好政治生态"。③ 当前,党内政治生活质量提高了,严肃认真的党内政治生活,逐渐成为解决党内矛盾和问题的"金钥匙",成为广大党员、干部锤炼党性的"大熔炉",成为全党纯洁党风的"净化器"。

党内政治文化是党内文化的政治表现。一段时间以来,有的党员干部不讲忠诚、讲权谋,不讲团结、讲圈子,有的甚至为了个人升迁搞人身依附,导致"潜规则""厚黑学""关系学"盛行,严重败坏了党风,消解了党内积极健康的政治文化。对此,习近平不仅明确提出了"党内政治文化"的概念,而且还特别强调要注重加强党内政治文化建设。党内政治文化绝不是一座文化上的"飞来峰"。中华优秀传统文化、革命文化和社会主义先进文化,是党内政治文化的底蕴和滋养。党的十八大以来,我们高度重视文化自信,强调

---

① 《中国共产党第十九次全国代表大会文件汇编》,人民出版社2017年版,第134页。
② 《习近平关于全面从严治党论述摘编》,中央文献出版社2016年版,第48页。
③ 《中国共产党第十九次全国代表大会文件汇编》,人民出版社2017年版,第50页。

"文化自信,是更基础、更广泛、更深厚的自信"①,为涵养党内政治文化提供了强大精动力。

正是把党的政治建设摆在首位,坚持党中央权威和集中统一领导,严格遵守党的政治纪律和政治规矩,严肃党内政治生活,培养积极健康的党内政治文化,使党的政治建设质量不断提高,不仅保证了党的建设沿着正确政治方向前进,也大大提高了党的建设的总体质量。

三、强大动力:发扬彻底的自我革命精神

勇于自我革命,是中国共产党最鲜明的品格。历史经验表明,中国共产党之所以能够始终走在时代前列、成为中国人民和中华民族的主心骨,根本原因就在于其始终保持了自我革命的精神。可以说,发扬彻底的自我革命精神,这是新时代党的建设质量不断提高的强大动力。

党的十八大以来,面对世情、国情、党情的深刻变化,习近平告诫全党,不仅不要丧失了革命精神,而且要发扬彻底的自我革命精神"。否则,苏共的历史悲剧可能会随时重演。进入新时代,基于我们党面临的长期而复杂的"四大考验"、尖锐而严峻的"四大危险",习近平多次强调全党要勇于自我革命,着力解决党自身存在的突出问题,"如果管党不力,治党不严,人民群众反映强烈的党内突出问题得不到解决,那我们党迟早会失去执政资格,不可避免被历史淘汰。这决不是危言耸听。"②

发扬彻底的自我革命精神,关键要坚持问题导向,敢于正视问题。中国共产党的伟大不在于不犯错误,而在于从不讳疾忌医,敢

---

① 《十八大以来重要文献选编》下,中央文献出版社 2018 年版,第 349 页。
② 《十八大以来重要文献选编》下,中央文献出版社 2018 年版,第 355 页。

于直面问题，勇于自我革命。在习近平看来，存在问题不可怕，可怕的是回避问题、掩盖问题、漠视问题。疮疤见光易好，伤口捂着易烂。党的十八大以来，我们党取得了历史性成就，发生了历史性变革。但是，中国共产党始终保持清醒头脑，始终以"愈大愈惧，愈强愈恐"的态度对待自己。习近平多次强调指出，我们取得的成绩越大，人民赞扬我们的声音越多，我们越要清醒认识党的历史和现实、优点和缺点、成绩和不足、矛盾和问题，决不掩盖矛盾、粉饰太平，决不对自身的问题采取避重就轻，得过且过的态度。

党的十八大召开后，党中央就敏锐地察觉到，作风问题是当前党内存在的最突出的问题，提高党的建设质量首先就要从抓作风问题入手。2012年12月4日，作为解决党的作风问题的切入口和的动员令的"中央八项规定"出台。"五年来，各级纪检监察机关共查处违反中央八项规定精神问题18.9万起，处理党员干部25.6万人。"①继提出"中央八项规定"后，党中央连续开展了党的群众路线教育实践活动，着力解决"四风"问题，取得了重大成果；开展了"三严三实"专题教育，又对县处级以上领导干部在思想、作风、党性上进行了一次集中的"补钙"和"加油"；推进"两学一做"学习教育常态化制度化，进一步解决党员队伍在思想、组织、作风、纪律等方面存在的问题。党中央发扬彻底的自我革命精神，敢于直面问题，推动党风政风为之一新，党心民心为之大振，党的建设质量也得到不断提升。

腐败是执政党面临的最大威胁，也是执政党健康肌体上的毒瘤。习近平指出："党风廉政建设和反腐败斗争是一场输不起的斗争，不得罪成百上千的腐败分子，就要得罪十三亿人民。这是一笔再明白

---

① 《中国共产党第十九次全国代表大会文件汇编》，人民出版社2017年版，第129页。

不过的政治账、人心向背的账。"① 党的十八大以来，中国共产党发扬彻底的自我革命精神，以猛药去疴、重典治乱的决心，以刮骨疗毒、壮士断腕的勇气，以零容忍的态度重拳反腐。目前，反腐败斗争的压倒性态势已经形成并巩固发展。但是，当前滋生腐败的土壤依然存在，反腐败斗争形势依然严峻复杂，全面从严治党任重道远。为此，十九大报告特别强调："巩固压倒性态势、夺取压倒性胜利的决心必须坚如磐石。……强化不敢腐的震慑，扎牢不敢腐的笼子，增强不想腐的自觉，通过不懈努力换来海晏河清、朗朗乾坤。"②

党的十八大以来，正是紧紧握住"发扬彻底的自我革命精神"这一有力武器，坚持问题导向，勇于向自我开刀，党的作风建设和反腐败斗争的质量不断提高，党自身肌体更加健康，进而带动了政治、思想、组织、纪律、制度等其他领域党的建设质量的提升。

四、本质要求：深化对党的建设规律的认识和把握

提高党的建设质量的本质内涵，就是要在管党治党的过程中，把握其内在的规律、按规律办事，使党的建设更加科学、更加严密、更加有效。党的十八大以来，以习近平同志为核心的党中央在管党治党的实践中，坚持把总结自身经验与借鉴国外执政党建设经验教训结合起来，深化了对党的建设规律的认识。2018年1月11日，习近平在十九届中央纪委二次全会上发表的重要讲话中，将新时代管党治党的经验和规律总结为"六个统一"：一要坚持思想建党和制度治党相统一，二要坚持使命引领和问题导向相统一，三要坚持抓"关键少数"和管"绝大多数"相统一，四要坚持行使权力和担当责任相统一，五要坚持严格管理和关心信任相统一，六要坚持党内

---

① 《习近平新时代中国特色社会主义思想三十讲》，学习出版社2018年版，第323页。
② 《中国共产党第十九次全国代表大会文件汇编》，人民出版社2017年版，第54页。

监督和群众监督相统一。进入新时代，我们党正是严格按照这"六个统一"的规律管党治党，党的建设的质量才不断提高。

坚持思想建党和制度治党相统一。习近平指出："从严治党靠教育，也靠制度，二者一柔一刚，要同向发力、同时发力。"① 虽然思想建党和制度治党的侧重点有所不同，一个重点打造思想防线，一个重点打造制度防线，但是二者的目标是一致的，都是为了永葆党的先进性和纯洁性，不断提高党的建设质量，确保党始终成为中国特色社会主义事业的坚强领导核心。思想建党和制度治党还要同时发力，要使加强制度治党的过程成为加强思想建党的过程，也要使加强思想建党的过程成为加强制度治党的过程。

坚持使命引领和问题导向相统一。中国共产党是使命型政党，肩负着实现中华民族伟大复兴的历史使命。但是，这一历史使命并非轻轻松松就能实现，需要全党不忘初心，着眼长远，强化顶层设计，付出更为艰巨和艰苦的努力，确保我们党永葆旺盛生命力和强大战斗力。同时，还要立足当前，直面问题，着力解决党内存在的思想不纯、组织不纯、作风不纯等突出问题，在解决人民群众最不满意的问题上下功夫，使党始终保持同人民群众的血肉联系。

坚持抓"关键少数"和管"绝大多数"相统一。既要按照"四讲四有""四个合格"的标准对广大党员提出普遍性要求。同时，又要从严管理干部特别是高级干部，要严到底、严到位、严到要害处。坚持以严的标准要求干部、以严的措施管理干部、以严的纪律约束干部。唯其如此，才能以上率下，用"关键少数"引领"绝大多数"，持续改善政治生态，推动全面从严治党向纵深发展。

坚持行使权力和担当责任相统一。权力和责任是对等的，有权必有责，有责要担当，失责必追究。各级党委要把抓好党建作为最

---

① 《十八大以来重要文献选编》中，中央文献出版社2016年版，第94页。

大的政绩，各级纪委要切实履行好监督责任，真正把落实全面从严管党治党政治责任作为最根本的政治担当。同时，要要健全责任考核机制，改进考核方法，完善评价体系，把抓党建的实效作为党员领导干部业绩评定的重要内容和选拔任用的重要依据。要制定实施切实可行的责任追究制度，有错必究、有责必问。①

坚持严格管理和关心信任相统一。党的十八大以来，各级党组织坚持真管真严、敢管敢严、长管长严，使各项党内法规制度的优势充分释放出来。同时，又坚持"惩前毖后、治病救人"的方针，坚持严管和厚爱相结合、激励和约束并重，不断健全激励和容错纠错机制，旗帜鲜明地为那些敢于担当、踏实做事、不谋私利的干部撑腰壮胆、鼓劲打气，最大限度激发干部积极性。

坚持党内监督和群众监督相统一。"增强党自我净化能力，根本靠强化党的自我监督和群众监督。"② 党的十八大以来，我们党积极推动党内监督和群众监督进行有效衔接和贯通，不断增强监督合力，确保权力运行到哪里、监督就跟进到哪里。尊重和保障党员在党内的主体地位，调动广大党员的积极性、主动性和创造性。同时，积极畅通人民群众建言献策和批评监督渠道，加大党务公开的力度，真正让党组织和党员的活动置于人民群众监督之下。

五、推进路径：切实增强党的建设的系统性与协同性

党的建设是一项复杂的系统工程，提高党的建设质量同样也是一项复杂的系统工程，必须坚持系统思维，协同推进。以习近平同

---

① 赵付科、季正聚：《习近平全面从严治党的辩证统一性》，载《中国特色社会主义研究》，2015年第4期。

② 《中国共产党第十九次全国代表大会文件汇编》，人民出版社2017年版，第54页。

志为核心的党中央,将党的建设置于"四个全面"和"四个伟大"中加以考量与推进,协同推进党的政治建设、思想建设、组织建设、作风建设、纪律建设和制度建设,党的建设的系统性和协同性得到切实增强,推动了党的建设质量不断提高。

党的十八大以来,以习近平为核心的党中央逐步形成并积极推进"四个全面"战略布局这一治国理政的总方略。就"四个全面"间的关系而言,全面建成小康社会是战略目标,包括全面从严治党在内的其它三个"全面"都是战略举措。要实现"四个全面",关键要坚持和加强党的全面领导,不断提高党的建设质量。中国共产党在管党治党的过程中,没有将全面从严治党孤立起来,而是坚持系统思维,将其置于"四个全面"之中,加以通盘考虑。不仅在深化党的体制机制改革与深化政治体制改革相辅相成中,进一步推进全面从严治党;而且在形成完备的法律规范体系与完善的党内法规体系的过程中,注重国法与党规的有效衔接,使二者能够相辅相成、相互促进;还从国家治理现代化的角度,推进国家治理能力、党的领导能力与执政能力的三者的协同提升。① 由于跳出了全面从严治党来推进全面从严治党,跳出了党建来抓党建,不仅进一步增强了"四个全面"的整体性、系统性,而且增强了党的建设与其他相关建设的协同性,从而进一步提高了管党治党的质量和水平。

进入新时代,中国共产党还将党的建设置于"四个伟大"中去推进和加强。2013 年 6 月 28 日,习近平在全国组织工作会议的讲话中,明确指出:"进行具有许多新的历史特点的伟大斗争,……关键在党,关键在人。关键在党,就要确保党在发展中国特色社会主义历史进程中始终成为坚强领导核心。关键在人,就要建设一支宏大

---

① 刘红凛:《增强管党治党的系统性、协同性和有效性》,载《理论探索》,2017 年第 6 期。

的高素质干部队伍。"① 很显然，无论是"坚强领导核心"还是"高素质干部队伍"，这都需要更好地推进党的建设新的伟大工程。2015年6月26日，习近平在主持中央政治局第24次集体学习时，又将党风廉政建设和反腐败斗争作为"伟大斗争"的重要内容。2016年6月28日，在主持中央政治局第33次集体学习时，又特别强调：严肃党内政治生活、净化党内政治生态是伟大斗争、伟大工程的题中应有之义。党的十九大报告更是系统阐述了"四个伟大"的关系，特别强调："伟大斗争，伟大工程，伟大事业，伟大梦想，紧密相连、相互贯通、相互作用，其中起决定作用的是党的建设新的伟大工程。"② 由于跳出了伟大工程来建设伟大工程，跳出了党建来抓党建，不仅进一步增强了"四个伟大"的整体性、系统性，而且增强了党的建设与"四个伟大"的协同性，从而进一步提高了管党治党的质量和水平。

就党的建设自身而言，也是一个由政治建设、思想建设、组织建设、作风建设、纪律建设、制度建设等组成的一个复杂系统。提高党的建设质量，也需要上述六大建设协同推进。进入新时代，以习近平同志为核心的党中央，围绕加强党的长期执政能力建设、先进性和纯洁性建设这条主线，将党的政治建设纳入党的建设总体布局，将其摆在首位，以其为统领，保证了党的建设的方向和效果；将思想建设作为党的基础性建设，把坚定理想信念作为其首要任务，为保持党的团结统一提供了强大的思想基础；不断加强党的组织建设，着力解决基层党组织弱化、虚化和边缘化问题，使党的各级组织的领导力、组织力和执行力不断增强；紧紧围绕保持党同人民群众的血肉联系，持之以恒正风肃纪，得到人民群众衷心拥护；将纪

---

① 《十八大以来重要文献选编》上，中央文献出版社2014年版，第336页。
② 《中国共产党第十九次全国代表大会文件汇编》，人民出版社2017年版，第14页。

律建设作为全面从严治党的治本之策，让党员、干部知敬畏、存戒惧、守底线；将制度建设贯穿上述建设之中，做好党内法规的立改废释工作，为全面从严治党提出制度保障。既突出党的建设各项工作的重点，又围绕党的建设主线将其作为一个整体，增强党建工作的系统性和协同性，形成了管党治党的强大合力，提高了党的建设质量。

综上，党的十八大以来管党治党的实践表明，提高党的建设质量，必须坚持高标准严要求，坚持把党的政治建设摆在首位，发扬彻底的自我革命精神，深化对党的建设规律的认识和把握，切实增强党的建设的系统性与协同性。新时代，坚持和加强党的全面领导，建设"伟大工程"，不断提高党的建设质量，必须运用好这些宝贵经验。

专题四

马克思主义中国化研究述评

关于"马克思主义中国化研究"学科的研究

【内容提要】 本文从马克思主义中国化研究学科设立的重大意义、马克思主义中国化研究的学科定位、马克思主义中国化研究学科的研究范围和方向、马克思主义中国化研究的学科建设以及队伍建设等方面，对近年来学术界对马克思主义中国化研究学科的研究成果进行了梳理。

2005年12月3日，国务院学位委员会和教育部联合下发了《关于调整增设马克思主义理论一级学科及所属二级学科的通知》，将"马克思主义中国化研究"列为马克思主义理论一级学科所含的一个二级学科。马克思主义中国化研究学科的建立，开拓了马克思主义理论发展的新境界，标志着马克思主义中国化的研究进入了新阶段。近年来，学界围绕马克思主义中国化研究学科设立的重大意义、马克思主义中国化研究的学科定位、马克思主义中国化研究学科的研究范围和方向、马克思主义中国化研究的学科建设以及队伍建设等方面展开研究，形成了一些研究成果。

一、设立"马克思主义中国化研究"学科的意义

马克思主义理论一级学科设立的直接动因和目的,是为了推动高校思想政治课的学科建设。但是由于该学科的特殊性,实际上其意义已经远远超出了高校思想政治理论课的学科范围。因此,马克思主义中国化研究作为二级学科,它的设立则显得尤为重要和必要。

田克勤认为,马克思主义中国化研究二级学科的设立有助于深入研究马克思主义基本原理、毛泽东思想、邓小平理论与"三个代表"重要思想,正确回答哪些是必须长期坚持的基本原理,哪些是需要结合新的实际加以丰富发展的理论判断,哪些是必须澄清的附加在马克思主义名义下的错误观点,引导人们用科学的态度对待马克思主义,把重大的理论研究成果贯彻于实践之中,推动理论创新,用发展的马克思主义指导新的实践;对于旗帜鲜明地反对全盘西化,反对否定马克思主义基本原理、毛泽东思想、邓小平理论与"三个代表"重要思想,迷信西方资本主义思想理论的非马克思主义意识形态倾向,增强马克思主义理论的说服力和吸引力,巩固马克思主义在我国意识形态领域的指导地位;对于把共产党执政规律、社会主义建设规律、人类社会发展规律的认识系统化、理论化,都将产生重大的理论意义和现实意义。对于积极推进党的建设的生命工程——马克思主义理论研究和建设工程的实施,推进党的指导思想的与时俱进和马克思主义中国化事业不断向前发展,具有重要的理论意义和战略意义。同时,这一学科的设立有利于繁荣发展我国的哲学社会科学,也有利于进一步加强和改进高校思想政治理论教育。①

---

① 田克勤:《"马克思主义中国化研究"学科设立的意义》,载《东北师大学报》(哲学社会科学版),2006年第6期。

宋进认为，设立"马克思主义中国化研究"二级学科，有利于丰富和发展中国化的马克思主义的学科内涵；有利于加强和改进思想政治理论课，特别是"毛泽东思想、邓小平理论和'三个代表'重要思想概论"课和"中国近现代史纲要"课，为加强高校思想政治理论课建设提供有力的学科支撑；有利于凝聚学科人才，建设学科梯队，为建设思想政治教育工作队伍提供有力的学科支撑。[①]

宋连胜着重从思想政治理论教育和教学的角度论述了"马克思主义中国化研究"学科设立的意义。他认为，"马克思主义中国化研究"学科是思想政治理论教学的基础和保障，在思想政治理论课教学中起到关键性的作用。这一学科的设立有利于提供科学丰富的基础理论，有利于提供高水平的课程教材，有利于凝聚学科人才和提高教师的教学水平，有利于开展马克思主义理论教育研究，有利于吸引教师参与学科建设。[②]

袁敬伟指出，明确地将马克思主义理论设置为一级学科的研究对象，同时把马克思主义中国化作为其属下二级学科的研究对象，对于马克思主义理论专门人才的培养，特别是中青年专门理论人才的培养，以适应马克思主义中国化和理论创新的需要，具有现实而又深远的意义；对于深化思想政治理论教育教学的改革，提高思想政治理论教育的说服力和有效性，全面实现高等学校人才培养的根本任务，具有重大作用。[③]

[①] 宋进：《"马克思主义中国化"学科建设的多维路径》，载《东北师大学报》（哲学社会科学版），2006年第6期。

[②] 宋连胜：《"马克思主义中国化"学科建设与思想政治理论教育和教学》，载《东北师大学报》（哲学社会科学版），2006年第6期。

[③] 袁敬伟：《聚焦于学科视界的马克思主义中国化研究》，载《探索》，2007年第1期。

二、"马克思主义中国化研究"学科的基本内涵、特点和性质

(一)"马克思主义中国化研究"学科的基本内涵

杨凤城的观点比较具有代表性,得到了学术界的基本认可。他认为,马克思主义中国化研究作为一个理论、学术领域与作为一门学科,虽然在很多方面甚至主要的方面是相同和相通的,但二者还不能完全划等号。所以探讨马克思主义中国化研究的学科基本内涵与探讨马克思主义中国化的基本内涵还不完全相同。更进一步讲,作为学科的基本内涵比作为一个研究领域的基本内涵可以更宏观、更具有概括性和解释空间,虽然两者在基本的内涵规定性上必须一致。根据这一原则,马克思主义中国化研究作为二级学科,其基本内涵可以归纳为两个方面:其一,研究马克思主义中国化的历史进程、基本经验和基本规律;其二,研究中国化的马克思主义,也就是马克思主义中国化的主要理论成果。前者重历史的启示,后者重理论的收获。当然,这两个方面,无论是从历史还是从逻辑上讲都是密切相关的,脱离历史背景和历史过程,便讲不清理论的缘起、理论的地位、理论的价值;同样,脱离理论成果的概括和总结,历史就会变得模糊,就会失去深度和意义。将上述两个方面概括在一起讲,那就是该学科的建设和研究,应以马克思主义中国化为主线,以中国化的马克思主义为主题,以建设中国特色社会主义理论和实践为重点,密切结合中国共产党领导人民在中国特色的新民主主义革命道路、社会主义革命道路和社会主义建设道路的探索中所进行的艰苦实践和理论总结,研究马克思主义中国化的历史进程,探求其演进的阶段性,总结其基本经验和基本规律,研究马克思主义中国化的理论成果,系统阐释马克思主义中国化的几大理论成果的主

要内容和精神实质，深刻揭示在当代中国，马克思列宁主义、毛泽东思想、邓小平理论、"三个代表"重要思想和科学发展观、构建社会主义和谐社会是一脉相承而又与时俱进的科学体系。①

（二）"马克思主义中国化研究"学科的特点

王先俊认为，马克思主义中国化研究的性质和特点主要包括：首先是科学性。马克思主义中国化研究之所以成为一门学科是以它的科学性为基础的。马克思主义中国化经过了漫长的历程，积累了丰富的经验，有规律值得总结；中国化的马克思主义理论成果首先是马克思主义的，马克思主义是科学，中国化的马克思主义理论成果当然也是科学，同时还要求研究者从马克思主义基本原理出发，从马克思主义中国化历史进程和客观实际出发，保证研究内容真实、可信。其次是政治性。所谓政治性，也就是平常所说的党性、革命性和阶级性，是指马克思主义中国化研究是为党的事业服务的，研究者必须站在党的立场上，以马克思主义理论和方法为指导，与政治紧密联系，并接受现实政治的制约。这里不用革命性和阶级性，是因为在剥削阶级已经消灭、阶级斗争已经不是主要矛盾的社会主义社会，用政治性来概括更为准确，更便于为党领导的社会主义现代化事业服务。再次是理论性。马克思主义中国化研究作为一个学科本身有一些基本的理论问题必须解决，如"化"，怎么"化"？其规律是什么？这些都是理论性很强的问题；马克思主义中国化研究的一个重要内容是对"中国化"的理论成果进行研究，即对毛泽东思想、邓小平理论、"三个代表"重要思想以及科学发展观进行研究，这些成果本身就是一个理论体系，有很强的理论性。最后是现

---

① 杨凤城：《马克思主义中国化研究的学科内涵及其建设》，载《思想理论教育导刊》，2007年第3期。

实性。马克思主义中国化研究与现实社会有紧密的关系。研究的问题有些就是现实问题，研究的目的也主要为现实工作服务，所以现实性强是这个学科非常突出的特点。① 王炳林、张立梅认为，"马克思主义中国化研究"学科具有科学性、政治性、理论性、现实性等特点，因此，学科建设应遵循以下基本原则：一是坚持政治性与学术性相结合的原则，二是坚持理论与实践相结合的原则，三是坚持以问题为中心的原则。②

杨凤城认为，马克思主义中国化研究这一学科的基本特点或要求有：首先是整体性原则，也就是说要从整体上研究和梳理马克思主义中国化的历史发展、基本经验、主要内容和精神实质。无论是从马克思主义中国化的历史进程，还是从中国化的马克思主义理论成果上看，都要重宏观、综合性的研究，进行高屋建瓴的综观。其次是实践性原则。这里所说的实践性原则包括两个方面：一是历史实践。也是就说，必须从中国革命和建设中曾经面临的重大问题出发，用历史实践分析和阐释马克思主义中国化的理论成果、基本经验和基本规律，不能空洞地从理论到理论。二是现实问题。把马克思主义基本原理同中国具体实际结合起来，把马克思主义中国化，形成中国化的马克思主义，这是中国共产党领导中国革命和社会主义建设所积累的一条最重要的历史经验，同时也是一个仍在进行中的重大现实课题。所以马克思主义中国化研究必须关注现实，回答现实提出的问题。再次，是学术性与意识形态性之间的弹性原则。马克思主义特别是中国化的马克思主义是中国共产党的指导思想，是国家的主导意识形态，是向全民宣传和灌输的思想体系。马克思

---

① 王先俊：《马克思主义中国化研究学科建设的几个问题》，载《安徽师范大学学报》（人文社会科学版），2007年第2期。

② 王炳林、张立梅：《"马克思主义中国化研究"学科建设论纲》，载《教学与研究》，2013年第2期。

主义的主导意识形态地位,决定了它在中国并非是一个普通的知识与学术领域,而是一个有着鲜明的政治性和意识形态敏感性的领域。马克思主义研究的这一特点,对于马克思主义中国化研究的学科建设有着至关重要的意义(甚至可以说中国化的马克思主义其政治敏感性在马克思主义理论学科中是首屈一指的)。客观地讲,没有马克思主义在中国的特殊地位,就不会有包括马克思主义中国化研究在内的马克思主义理论一级学科的设立。所以,马克思主义中国化研究的学科建设必须充分注重这一点。但是,另一方面,既然作为一个学科,那么学术性、科学性的考量也必须被置于同样重要的地位上,甚至可以说这是学科建设的生命线所在。没有学术底蕴的所谓学科,是没有长久生命力的,也不会发挥预期的作用。在学术探讨和意识形态规范之间如何搞好平衡,保持一种适度的弹性,这直接关系到马克思主义中国化学科建设的成效甚至成败。①

王先俊认为,马克思主义中国化研究的政治性、党性,是以其学术性、科学性为基础和前提的,而其学术性和科学性,是通过马克思主义中国化研究的政治性、党性体现出来的。在进行马克思主义中国化研究时,不可能离开政治性、党性抽象地谈它的学术性、科学性。同样,没有学术性、科学性为基础和前提条件,也就谈不上这一学科体系的政治性和党性。马克思主义中国化研究的学术性和科学性与政治性和党性是一个辩证统一的整体。②

(三)"马克思主义中国化研究"学科的性质

对于"马克思主义中国化研究"的学科性质,大多数研究者都

---

① 杨凤城:《马克思主义中国化研究的学科内涵及其建设》,载《思想理论教育导刊》,2007年第3期。
② 王先俊:《马克思主义中国化研究学科建设的几个问题》,载《安徽师范大学学报》(人文社会科学版),2007年第2期。

承认这一学科是理论学科。但也有一些具体差别。张静如指出："毫无疑问，马克思主义中国化研究这门学科属于理论学科，其特点有二：一是与中国实际结合中形成的理论；二是在中共领导的革命和建设中形成的理论。"① 王飞南认为，"马克思主义中国化研究学科就其学科属性而言是一门经验性、规范性和理论性学科。"具体说来，作为一门研究马克思主义中国化的基本经验的学科，马克思主义中国化研究学科实质上是一门经验性学科，作为一门研究马克思主义中国化的基本规律的学科，马克思主义中国化研究学科实质上是一门规范性学科，作为一门研究马克思主义中国化理论成果的学科，马克思主义中国化研究学科实质上是一门理论性学科②。也有人"认为马克思主义中国化既是实证史料为主的历史研究，也是务虚的理论研究。尤其是它与中共党史的关系分不清"③。还有学者认为，马克思主义中国化研究学科不同于一般人文社会科学学科的特殊性，在于它是以中国化马克思主义作为理论基础，充分体现党性、政治性、思想性、理论性、综合性和实践性的特殊学科，有着特殊的内涵和功能④。师吉金认为，"马克思主义中国化研究"学科研究的是马克思主义中国化的成果、经验、规律，这已经说明了这门学科的理论性质。至于党性、政治性、思想性、理论性、综合性和实践性等，只是学科的特点，不是学科的性质。⑤ 程美东认为，马克思主义

---

① 张静如：《关于马克思主义中国化研究学科建设的一点想》，载《党史研究与教学》，2009年第3期。
② 王飞南：《马克思主义中国化研究的学科定位与精神实质》，载《吉首大学学报》（社会科学版），2012年第4期。
③ 周中之、李进：《马克思主义中国化研究学科建设之初探》，载《马克思主义研究》，2008年第5期。
④ 孙堂厚、李才：《马克思主义中国化研究学科建设的相关问题》，载《思想理论教育》，2008年第17期。
⑤ 师吉金：《2008年以来"马克思主义中国化研究"学科建设研究述评》，载《探索》，2014年第2期。

中国化研究属于基础性研究极强的应用性学科。①

三、"马克思主义中国化研究"学科的研究方向和范围

学科的研究方向与领域，规定了学科的边界，也决定着学科的特色。明确"马克思主义中国化研究"学科的研究领域，是深化学科建设的保证。学者普遍认为，在学科方向设计上，要注意防止两种倾向：一是不顾学科范围与学科特点，以教师个人原有的学科背景、研究兴趣为依据设计方向；二是脱离本学科范围，盲目靠近某些"热门"学科或专业，使"马克思主义中国化研究"学科边缘化。②

宋进认为，"马克思主义中国化研究"学科的研究方向和领域，可从宏观、中观和微观三层来考虑：宏观层面如马克思主义中国化的理论和实践、马克思主义中国化与意识形态研究、马克思主义的历史进程和历史经验及其规律研究、中国特色社会主义理论与实践研究、马克思主义中国化与当代中国社会发展研究等；中观层面如马克思主义中国化的国际环境及对策研究、中国特色社会主义市场经济理论与实践研究、中国特色社会主义民主法制理论与实践、马克思主义中国化与传统文化的现代转化研究等；微观层面如中国化马克思主义传播特点及规律研究、马克思主义与当代中国社会主义新农村研究等。③

---

① 程美东：《关于马克思主义中国化研究学科发展若干问题》，载《南京政治学院学报》，2012年第3期。
② 黄莺：《"马克思主义中国化研究学科建设研讨会"述要》，载《高校理论战线》，2006年第4期。
③ 宋进：《"马克思主义中国化"学科建设的多维路径》，载《东北师大学报》（哲学社会科学版），2006年第6期。

杨凤城认为，这一学科的主要研究方向：一是马克思主义中国化历史进程研究（包括历史阶段性、基本经验、特点、规律等）；二是中国化的马克思主义理论成果研究（包括总体研究和对毛泽东思想、邓小平理论、"三个代表"重要思想、科学发展观与构建社会主义和谐社会的分别研究等）。在上述研究方向下，集中力量于一些重大的理论与现实问题的攻关，提高科研水平和学术含量，是学科建设必须进行的工作。马克思主义中国化作为一个学科，其科研重点和科研课题的确定，一方面要考虑到已有的学术积累、科研成就，另一方面要充分考虑到历史继承和现实关怀两个方面。①

田克勤认为，"马克思主义中国化研究"的范围应包括：马克思主义经典著作和基本原理研究；马克思主义在中国的传播、运用、丰富和发展研究；马克思主义中国化科学内涵及其理论成果研究；马克思主义中国化的历史进程研究；马克思主义中国化的实质、基本特征、经验和规律研究；党的十六大以来马克思主义在中国的新发展以及本学科的重大理论前沿问题研究，等等。学科研究方向的确定，至少应该包括5个方面：一是马克思主义在中国的传播史研究；二是中国化马克思主义基本原理的研究；三是中国化马克思主义发展史研究；四是中国化马克思主义的文献研究；五是马克思主义中国化与中国社会变革及其发展研究。②

王炳林、张立梅认为，"马克思主义中国化研究"就是研究马克思主义中国化的理论与实践。马克思主义中国化的理论是指马克思主义中国化的历史经验、基本规律和理论成果，包括理论来源、思想理论发展史、理论创新成果等，核心内容就是毛泽东思想和中

---

① 杨凤城：《马克思主义中国化研究的学科内涵及其建设》，载《思想理论教育导刊》，2007年第3期。
② 黄莺：《"马克思主义中国化研究学科建设研讨会"述要》，载《高校理论战线》，2006年第4期。

国特色社会主义理论体系。马克思主义中国化的实践是指马克思主义中国化的历史进程和现实面临的挑战,包括马克思主义怎样同中国实际相结合,有哪些经验,有什么教训,基本规律是什么,如何用马克思主义解决现实中的重大问题,在实践中如何继续推进马克思主义中国化等。"马克思主义中国化研究"学科的研究内容应包含以下几个方面:一是马克思主义中国化的历史进程;二是马克思主义中国化的经验和规律;三是马克思主义中国化的理论成果,也就是中国化的马克思主义;四是中国特色社会主义理论与实践中的重大问题;五是马克思主义中国化研究和思想政治理论课中"概论"课的关系。①

张静如认为,马克思主义中国化的内容十分丰富,涉及的理论问题非常广泛,涵盖了中国共产党人的全部理论活动和实践活动。有学者从"马克思主义中国化研究"这门学科属性具体的两个特点即马克思主义与中国实际结合中形成的理论以及在中国共产党领导的革命和建设中形成的理论,可以把这门学科的研究体系归纳为十个问题:第一,马克思主义基本原理研究;第二,中国国情研究;第三,世界文明遗产与现当代国际形势研究;第四,中国传统文化研究;第五,马克思主义中国化史研究;第六,马克思主义中国化范畴研究;第七,马克思主义中国化文献研究;第八,马克思主义中国化研究学术史;第九,国内外马克思主义中国化研究成果评价;第十,马克思主义中国化研究方法论。②

王先俊认为,"马克思主义中国化研究"的研究内容和研究对象有三点不容忽视:一是马克思主义中国化历程研究,包括马克思

---

① 王炳林、张立梅:《"马克思主义中国化研究"学科建设论纲》,载《教学与研究》,2013年第2期。
② 张静如:《关于马克思主义中国化研究学科建设的一点想》,载《党史研究与教学》,2009年第3期。

主义在中国传播史的研究等。这是马克思主义中国化研究的基础部分。马克思主义中国化的"化"首先是在"过程"中实现的,其理论成果是在"过程"中产生的。二是马克思主义中国化的经验和规律研究,包括马克思主义中国化基本理论问题研究等。这也是马克思主义中国化研究的一个难点。马克思主义中国化虽然经历了一个较长过程,积累了丰富的经验,但要上升到规律的高度加以提炼和概括目前仍有一定的困难。三是马克思主义中国化理论成果,即中国化的马克思主义研究,包括中国化马克思主义基本原理研究、中国化马克思主义文献研究等。这是马克思主义中国化研究的一个重点。因为我们直接需要的是中国的马克思主义,而这其中又要重点研究中国特色社会主义理论,因为它是马克思主义在当代中国的发展,我们正从事的事业特别需要这个理论的指导。①

陈占安认为,在马克思主义中国化研究这个二级学科中最主要的是要加强三方面研究:一是马克思主义中国化历史进程的研究,包括马克思主义中国化进程的基本途径及其产生的基本的社会历史条件、个体条件、历史经验总结等等,这些研究可能和中共党史及社会发展史有一致的地方;二是基本原理的研究,包括文本的研究、基本理论的研究等等,基本理论的研究需要做一个分析,比如说新民主主义革命时期的研究、社会主义改造时期的研究,中国特色社会主义理论的研究,有很宽阔的研究领域;三是重大问题研究,包括可以设定各个方面的专题,历史的现实的各个方面的前沿的重大理论问题都可以作研究,马克思主义中国化应该有一个广阔的视野。②

---

① 王先俊:《马克思主义中国化研究学科建设的几个问题》,载《安徽师范大学学报》(人文社会科学版),2007年第2期。
② 陈占安:《"马克思主义中国化研究"的学科定位及研究领域》,载《东北师大学报》(哲学社会科学版),2006年第6期。

陈金龙认为，目前学术界对于马克思主义中国化的研究已积累了相当的基础，但仍存在薄弱环节或不足之处，要加强对马克思主义中国化基本理论问题的研究；加强对马克思主义中国化的"本"与"源"的研究；加强马克思主义中国化历史进程的研究；加强对中国化马克思主义整体的研究。①

聂家华对"马克思主义中国化研究"学科的研究存在的问题进行了梳理，认为目前存在以下五个方面的问题：一是对马克思主义中国化历史进程研究得较为充分，对马克思主义中国化的基本概念、基本命题、基本规律和基本经验等理论问题的研究尚显薄弱；二是注重对马克思主义中国化具体理论成果的精细化研究，忽视了对中国化马克思主义的整体性研究；三是孤立研究中国化马克思主义的成果较多，将"源"与"流"结合起来研究的成果偏少；四是重视对中国化马克思主义理论的研究，对中国化马克思主义实践的研究有所忽视；五是对马克思主义中国化问题作泛泛而论的成果偏多，有深度的高水平学术成果偏少。②

杨瑞森针对当前对马克思主义中国化研究的状况，提出了十个问题：一是关于研究马克思主义中国化的理论前提；二是关于马克思主义中国化科学内涵的界定和把握；三是关于马克思主义中国化与弘扬祖国优秀传统文化的关系；四是关于马克思主义中国化的根本问题和根本经验；五是关于继承和发扬马克思主义中国化的优良传统；六是关于新中国成立后"两个30年"的关系；七是关于《建国以来党的若干历史问题的决议》对毛泽东思想历史地位评价的科学性和有效性；八是关于马克思主义中国化"两大理论成果"的内在联系性；九是关于解放思想和理论创新；十是关于马克思主

---

① 陈金龙：《深化马克思主义中国化研究的若干思考》，载《教学与研究》，2006年第2期。
② 聂家华：《马克思主义中国化研究的方法论自觉》，载《当代世界与社会主义》，2009年第5期。

义中国化与高校思想政治理论教育。[①]

何龙群依据学科学术构成的基本要素,认为马克思主义中国化研究学科应从基础研究、历史研究、应用研究和比较研究四个基本维度加强内涵建设。马克思主义中国化研究学科的基础研究主要研究马克思主义中国化研究学科的基本理论,包括学科本质、基本学理、基本范畴及相互关系、基本研究方法,进而确立马克思主义中国化研究学科的基本框架,构建其理论的完整体系;历史研究主要包括:一是研究马克思主义中国化的历史进程、基本经验和基本规律,重要历史事件和历史人物,二是马克思主义中国化历史资料研究,三是自身的学术史研究;应用研究主要研究中国化的马克思主义理论成果在中国社会实际中的运用及其发展规律;比较研究即马克思主义在不同区域、不同国度、不同流派中的异同研究。[②]

四、"马克思主义中国化研究"的人才培养和队伍建设

宋进认为,人才培养是"马克思主义中国化研究"学科建设的主要内容。在人才培养目标上,培养研究生具有坚定的信念,扎实的学术功底和健全的人格;在人才培养视野上,要有宽度,不能囿于二级学科,而是在马克思主义中国化二级学科招生,在马克思主义理论一级学科培养,从素质教育要求出发,避免专业本位的定势,拓宽人才培养口径;在人才培养内容上,按照"马克思主义中国化研究"学科建设要求,形成以中国化马克思主义的研究为中心,结

[①] 杨瑞森:《马克思主义中国化研究中的十个理论问题》,载《教学与研究》,2011年第7—9期。
[②] 何龙群:《马克思主义中国化研究学科的多维建构》,载《思想理论教育》,2015年第12期。

构合理、功能互补、有机拓展、注重思维方法的学科课程体系。①

杨凤城认为,马克思主义中国化研究作为二级学科主要定位在硕士和博士的培养上。硕士生的培养目标应是,熟悉马克思主义基本原理,具有马克思主义中国化的系统知识和研究基础,能够从事中高等学校政治教育,能够进行马克思主义中国化的理论研究与宣传,从事党务政务工作的合格人才。博士生的培养目标应是,掌握马克思主义的基本原理,熟悉马克思主义发展史,对中国化的马克思主义有较深入的研究,有优良的政治素质、理论素养和科研潜力,胜任高等院校、科研院所马克思主义中国化研究教学与研究工作,胜任党政机关马克思主义中国化的宣传与教育工作的合格人才。从上述人才培养目标出发,学科建设中的难点和重点问题之一,便是课程设置如何才能达到最优化,也就是说,既使学生具有较广博的知识结构,又凸显专业特色。要学习和研究中国化的马克思主义,需要深刻了解中国的历史与文化、中国的国情,需要把握马克思主义基本原理和马克思主义发展史,了解国外特别是当代西方马克思主义理论流派,了解当今世界的思想与思潮等。这就涉及到课程如何设置才能达到最优的问题,需要思考,更需要实践。关于马克思主义中国化研究的人才培养,需要形成以下共识:其一,专业课应围绕马克思主义中国化和中国化的马克思主义开设;其二,学科基础课应主要开设马克思主义基本原理研究、马克思主义发展史研究、中共党史研究等;其三,学生应适当选修政治学、历史学、经济学、中国传统文化等领域的课程;其四,关起门来培养不行。马克思主义中国化不是书斋里的学问,而是实践的结晶。从某种意义上说,没有中国革命和建设的丰富实践,便不会有马克思主义中国化和中

---

① 宋进:《"马克思主义中国化"学科建设的多维路径》,载《东北师大学报》(哲学社会科学版),2006年第6期。

国化的马克思主义。因而，在学生培养过程中，一定要注重社会实践、注重接触实际，不能从书本到书本、从原理到原理地推导。要让学生尽可能地了解社会主义现代化建设与改革开放实践中提出的问题，思考对这些问题的马克思主义解答。①

程美东通过对马克思主义中国化研究二级学科博士点的统计发现，多数博士点在本专业课程设置上具有共识，即马克思主义基本原理、中国共产党思想史、中国社会发展。但也存在着相似的问题，即专业课、能体现出自己特色的课程太少；基本是过去已有的课程，新的有开创性的本学科课程严重缺乏。尤其是必修课和选修课之间到底在围绕本专业学科建设之间存在怎样的良性互动关系，是值得我们认真思考的。如果这些课程体系之间缺乏一种围绕共同目标、又能互相支撑的关系，那么这些课程设置很容易变成一个大拼盘，会严重地影响本学科的学术性。②

建设好"马克思主义中国化研究"这个二级学科，需要有硬件、软件多方面建设，但关键在于抓紧抓好队伍建设。刘云山同志曾经指出："理论建设，人才为本。开辟马克思主义发展的新境界，呼唤着一批高素质的人才，呼唤着一批马克思主义理论大家。我们这个时代，是一个需要理论人才和理论大家的时代，也是能够产生大批理论人才和理论大家的时代。我们一定要十分珍惜这一难得的历史机遇，进一步加大人才培养的力度，努力建设一支政治强、业务精、作风正的马克思主义理论队伍，形成人才辈出、人尽其才的生动局面。要加强对马克思主义理论拔尖人才的重点扶持，造就一批学贯中西、在国内外有广泛影响的马克思主义理论大家；加强对崭露头角的学术新秀的重点培养，造就一批各学科各专业的领军人

---

① 杨凤城：《马克思主义中国化研究的学科建设》，载《思想理论教育》，2007年第7期。
② 程美东：《关于马克思主义中国化研究学科发展若干问题》，载《南京政治学院学报》，2012年第3期。

物;加强对高校马克思主义专业人才的重点培养,造就一批具有较高素质、有志于从事马克思主义理论研究的后备人才。"梅荣政认为,从事"马克思主义中国化"教学和研究的人员较多,目前亟待解决的问题是要进一步提高这支队伍的思想理论素质和专业化水平,增强其科学研究和教学的能力,使之真正适应这门学科建设的需要。这个问题随着大批老教师的退休,特别是思想政治理论教育学科带头人和教学骨干的退休显得尤为迫切。这就要求采取切实而且具体的有力措施,为培养上述三个层次的人才提供发展的条件,让他们在探索、研究和解决上述学科建设的诸问题中成长。这里最要紧的是马克思主义理论大家和学科专业领军人物的培养。"千军易得,一将难求"目前这两种人才的缺乏已成为学科建设进一步发展的瓶颈。这两种人才素质上的要求虽有程度的不同,但是都要求在政治上有强烈的使命感和责任感;在专业上有很高的学术造诣;在学科建设上有雄才大略,眼光远大,气度恢弘,知识丰富,并有识才的慧眼,惜才的情感,用才的智慧,善于根据社会经济发展的要求和哲学社会科学发展的趋势进行谋划,进行制度创新,营造拔尖人才成长的环境和条件,在自己的周围凝聚起强大的科研、教学队伍。这两种人才是理论大家、领军人物,同时是学科建设的专家、战略家。过去我们对这个问题认识还不够全面和深刻,今后在马克思主义中国化乃至整个马克思主义理论学科建设中,应当把这个问题提到重要日程上来加以高度重视人才。①

杨凤城也认为,人才马克思主义培养离不开一支高素质高水平的教学与科研队伍。除了专业原因要求政治素质高,即必须坚持以马克思主义为指导,在政治原则、政治立场、政治方向上与党中央

---

① 梅荣政:《着力建设好"马克思主义中国化"这一学科》,载《高校理论战线》,2006年第6期。

保持一致外，除了年龄结构、职称结构、学历结构的优化这些一般学科都会有的要求外，在此，我们特别强调以下三点：一是，马克思主义中国化研究的师资队伍建设，首先应利用已有的力量，将高校和科研院所从事马克思主义中国化教学与研究的教师、科研人员，整合在一起，形成凸显专业特色的系统。学科建设的重要体现之一是体制化程度。马克思主义中国化研究学科可以通过建立学会（分会）、出版专门期刊、定期召开学科规划和学术讨论会，作为组织、规划和规范本学科建设的重要手段。二是，不拘一格，专业背景多样化。注意从哲学、经济学、政治学、社会学、历史学等领域吸收优秀人才，以使科研与教学具有交叉学科的优势和开阔的视野。三是注重中青年理论骨干和后备人才的培养。中青年年富力强、锐意进取、视野开阔，吸收和消化新知识新思想快，勇于开拓。一个学科的前景如何，在很大程度上取决于中青年、骨干的素质和后备人才的学术潜力。师资梯队建设需要长远眼光，可以考虑以硕博连读的方式来培养和贮备人才。另外，对于中青年骨干的培养来说，除了理论功底的不断夯实以外，可以考虑制度化的社会实践，更具体一点说，就是要有不断接触社会实际的时间和机会，开展比一般的社会调查更深入的社会实践活动，例如到社会基层或有关部门挂职等。[1]

五、应处理好的几个关系

（一）正确处理学科属性和研究特色的关系

各个高校和研究部门的具体情况不同，研究的视角、形成的研究特色自然也会有差异。但是，既然是一门独立学科的研究特色，

---

[1] 杨凤城：《马克思主义中国化研究的学科建设》，载《思想理论教育》，2007年第7期。

由其内涵的一般与特殊的辩证关系所规定,它必然具有要求从事这门学科的研究者共同遵循的原则。脱离事物共性的个性,只能是其他的事物。因此,一门学科、专业的研究特色的确定,不能仅限于上述因素,还应充分考虑这一学科、专业属性的要求。不能设想,凡是社会需要的都是本学科、专业应该研究的(因为社会有多方面的需求,需要多学科来分别承担),也不能仅根据本单位现有队伍的知识结构设研究方向,这是不利于学科专业发展的。[①] 程美东指出,在学科建设上尤其不能简单地诠释党的历史理论和创新理论,更不能与党史、党建学科雷同,混淆学术研究与一般性宣传的关系。[②] 张梦涛指出,近年来学术界在马克思主义中国化研究方面涌现出了一批有价值的研究成果,但重复研究现象特别严重。马克思主义中国化的研究与宣传由于政治家的倡导和社会发展以及学科建设的需要等多种因素,学界对其研究几乎形成了"全民参与"的局面,学科内和学科外不同研究方向的学者几乎都对其有过研究,这固然说明了研究的繁荣,但其中重复研究是一个突出的问题,主要表现为研究的选题、研究的内容和研究的结论等重复现象严重。多数研究不外乎是对马克思主义中国化理论来源、客观依据、理论成果和基本经验的研究,并且这些研究中的多数都是循环论证、变动和调适语言罢了,结论不过是千篇一律毫无新意的重复。还有多数研究表现为对有关政治文献的摘编演绎和对于高校教科书的重复,许多学术论文和"研究专著"给人感觉是"千文一面",并无多少内容和实质上的创新。[③]

---

① 梅荣政:《着力建设好"马克思主义中国化"这一学科》,载《高校理论战线》,2006 年第 6 期。
② 程美东:《关于马克思主义中国化研究学科发展若干问题》,载《南京政治学院学报》,2012 年第 3 期。
③ 张梦涛:《当前马克思主义中国化研究过程中存在的主要问题论析》,载《内蒙古社会科学》,2013 年第 1 期。

（二）正确处理本学科与相关学科的关系

"马克思主义理论"一级学科中包含7个二级学科，正确认识和处理好"马克思主义中国化研究"学科与其他二级学科的关系至关重要。学者们认为，各二级学科之间是相互联系、功能互补的。应根据整体把握、分工不同的原则，正确处理它们之间的关系。"马克思主义基本原理"是马克思主义理论一级学科中的基础学科，对其他二级学科具有很强的包容性和辐射力，它可以为"马克思主义中国化研究"学科提供学理支撑。"马克思主义中国化研究"是一个标志性学科，起着一种承上启下的衔接作用，可以深化和拓展"马克思主义发展史"学科。"马克思主义发展史"则可以为"马克思主义中国化研究"提供深厚的学科思想底蕴。"马克思主义发展史"与"马克思主义中国化研究"关系密切，相互支撑，共同为马克思主义理论这个一级学科服务。"国外马克思主义研究"可以为"马克思主义中国化研究"提供广阔的学科视域。"马克思主义中国化研究"与"国外马克思主义研究"的关系可以说是"立足本土"和"放眼世界"的关系，前者研究注重本国、本土，而后者研究注重国外，二者关系密切，相互依赖。"思想政治教育"与"马克思主义中国化研究"两个学科也是密切相关的，"马克思主义中国化研究"可以为思想政治教育学科提供重要的实践基础和价值导向，"思想政治教育"则是"马克思主义中国化研究"学科功能的一种外化。"思想政治教育"以其独特的学科特色，在中国特色的社会主义建设中发挥着"生命线"和"中心环节"的作用，与"马克思主义中国化研究"相辅相成，共同发展。[①] "中国近现代史基本问题

[①] 黄莹：《"马克思主义中国化研究学科建设研讨会"述要》，载《高校理论战线》，2006年第4期。

研究"，则为马克思主义中国化提供宏阔的历史背景。① "中国近现代史基本问题研究"的研究对象与内容为"马克思主义中国化研究"提供深厚的历史背景，"马克思主义中国化研究"为"中国近现代史基本问题研究"提供理论指导。②

（三）正确处理学科建设与课程建设的关系

学科一般有两种释义：一是学术的分类，指一定科学领域或一门科学的分支；二是"教学科目"的简称。课程与学科之间的关系是直接的。这主要表现为某些子学科的方向就是以课程来表现的。课程名称与学科方向有一致，也有不一致。但是，学科与课程之间是不可分割的。学科包含着研究方向和课程。离开了课程，学科往往失去了依托；而没有了学科，课程则很难提高。学科与课程的关系正如中宣部、教育部在2005年《关于进一步加强和改进高等学校思想政治理论课的意见》中指出的那样："学科建设是加强和改进思想政治理论课的基础。思想政治理论课教学所依托的学科是我国特有的一门政治性、科学性和实践性很强的学科，只能加强，不能削弱。设立马克思主义一级学科，开展马克思主义理论体系研究，开展马克思主义发展史、马克思主义中国化研究，开展思想政治教育研究，为推动党的思想理论建设和巩固马克思主义在高等学校教育教学中的指导地位，为加强高校思想政治理论课建设，培养思想政治教育工作队伍提供有力的学科支撑。"具体到马克思主义中国化研究学科与"05方案"中的毛泽东思想、邓小平理论和"三个代表"重要思想概论课程的关系也是如此。没有《概论》课程，马克

---

① 沙健孙：《关于增设"中国近现代史基本问题研究"二级学科的几个问题》，载《思想理论教育导刊》，2008年第8期。

② 刘霞、杨蓉菲：《马克思主义中国化研究学科建设中的若干关系》，载《理论与改革》，2010年第6期。

思主义中国化研究就没有了依托,不加强马克思主义中国化研究学科建设,《概论》课程就会失去强有力的学科支撑。不过,上述分析主要偏重二者之间的联系,实际上它们之间也有区别。虽然《概论》课程与马克思主义中国化研究的某一个子学科相同或者相近,但它毕竟不是马克思主义中国化研究的全部内容。以这门课程的建设来取代整个马克思主义中国化研究学科建设是万万不可以的。①

(四)处理好马克思主义中国化研究过程中整体性与分科性的关系

设立马克思主义理论一级学科的一个重要指导思想就是要加强马克思主义的整体性研究,在加强整体性研究的过程中,如何处理好与马克思主义理论各学科分科性研究的关系,也是一个必须要研究的问题。马克思主义的整体性研究与分科性研究本身不存在根本性的矛盾,二者应该是相辅相成的。加强整体性研究是针对以往在马克思主义理论研究中这是一个薄弱环节而言的,而不是否定和排斥分科性研究。马克思主义理论是一个整体,但这一整体是立足于各分支学科之上的,没有马克思主义理论的各分支学科,就构不成马克思主义理论的整体。同样,离开了马克思主义理论的整体性研究,各分支学科就不能构成完整的理论体系,就不能构成完整的马克思主义。因此,分科性研究应该寓于整体性之中,整体性要立足于各个分科性之上。马克思主义中国化研究过程中整体性与分科性的关系具体体现在两个方面:一是马克思主义中国化过程中产生的

---

① 王先俊:《马克思主义中国化研究学科建设的几个问题》,载《安徽师范大学学报》(人文社会科学版),2007年第2期。

理论成果本身有一个整体性与分科性的关系①。无论是毛泽东思想、还是邓小平理论和"三个代表"重要思想，都不是单一学科的理论成果，而是涉及多学科的综合性理论成果。因此，在研究每一个理论成果的过程中，都要注重处理好整体研究与分科研究的关系。二是三大理论成果之间的整体性与分科性关系。三大理论成果是既一脉相承，又与时俱进的关系，对三大理论成果整体性的研究，重点在于揭示它们之间一脉相承的关系，分科性研究重点在于说明这三大理论成果是如何与时俱进的。从理论上把一脉相承和与时俱进的关系阐述清楚，也就把握好了三大理论成果之间整体性研究与分科性研究的关系。②何龙群认为，在马克思主义理论一级学科下，设置了包含马克思主义中国化研究学科在内的六个二级学科，它们是统一与互动的关系。从各二级学科角度开展研究，往往会遇到学科的局部性与研究对象的整体性的矛盾。以局部的知识试图解决整体的问题，往往会显得苍白无力。因此，既要注重二级学科的细化发展，又要重视一级学科内的统一，促进各二级学科甚至跨学科的综合、结合和互动，既有助于重大理论和实践问题的研究和解决，又有利于学科质量的提升和发展。③

（五）正确处理已知领域和未知领域的关系

马克思主义中国化是一个未尽的过程，在学术界的共同努力下已经取得了丰硕的成果，现在的问题是在研究过程当中要避免重复性劳动，深化已知领域的成果。如要继续深入研究马克思主义在中

---

① 对于马克思主义中国化过程中产生的理论成果，党的十七大已经作出明确界定，这就是马克思主义中国化过程中产生了两大理论成果：毛泽东思想和中国特色社会主义理论体系。此处未对作者表述进行修改。
② 顾钰民：《"马克思主义中国化研究"学科建设中的四个关系》，载《东北师大学报》（哲学社会科学版），2006年第6期。
③ 何龙群：《马克思主义中国化研究学科的多维建构》，载《思想理论教育》，2015年第12期。

国早期传播的历史必然性,马克思主义中国化的"源"与"流",马克思主义中国化的条件、机理、基本特点基本规律,面向21世纪,我国社会主义自我完善和发展的重大问题,等等,更要突出马克思主义中国化的未知领域的研究,如马克思主义中国化的学术史、国外马克思主义中国化学的研究等。①

---

① 梅荣政:《着力建设好"马克思主义中国化"这一学科》,载《高校理论战线》,2006年第6期。

关于马克思主义在中国早期传播史的研究

【内容提要】 新世纪以来,马克思主义在中国早期传播史研究取得了丰硕成果,围绕着马克思主义在中国早期传播的主体、媒介、渠道、特点以及马克思主义在中国不同地区的早期传播、《共产党宣言》在中国的早期传播、三次论争与马克思主义在中国的早期传播等问题取得了重大进展。本文对其主要成果作一归纳梳理和简要评述,并对如何加强该问题的研究作了进一步的思考。

马克思主义在中国的早期传播史(以下简称"早期传播史")一直是学术界研究的热点问题。本文就新世纪以来"早期传播"所取得的重要成果作一归纳梳理和简要评述,为以后进一步研究提供一定的参考和借鉴。①

一、总体研究概况

(一) 大量史料文献得以编辑出版

首先,一批早期报刊得以影印出版和发行。马克思主义在中国

---

① 本文相关成果截止到2012年,特此说明。

早期传播的主要载体是报刊。早期报刊的影印出版为"早期传播"研究提供了一手资料。全国图书馆文献微缩复制中心于2005年出版的《中国共产党早期刊物汇编》共8册，其中前6册与"早期传播史"密切相关，主要涉及《新青年》《共产党》《向导》、《人民周刊》。尤其值得一提的是国内首部简体横排版《新青年》（中国书店，2011年）出版发行，填补了中国出版史上的空白，同时为研究"早期传播"提供了便利。其次，一批早期传播者的文献等得以编辑出版。主要有《赵世炎选集》（四川人民出版社，2001年）、《李大钊全集》（人民出版社，2006年）、《杨匏安文集》（珠海出版社，2006年）、《陈独秀著作选编》（上海人民出版社，2009年）、《张闻天早期文集》（中共党史出版社，2010年）、《中共一大代表早期文稿选编》（上海人民出版社，2011年）。这些选集、全集、文集为"早期传播史"研究提供了文献资料，具有重要价值。再次，一批早期传播者的年谱、传记等编辑出版。影响比较大的年谱有李良明、钟德涛编著的《恽代英年谱》（华中师范大学出版社，2006年），李永春编著的《蔡和森年谱》（湘潭大学出版社，2008年），朱文通主编的《李大钊年谱长编》（中国社会科学出版社，2010年）等。由李继锋等著的《袁振英传》（中共党史出版社，2009年），对于拓展党史人物及"早期传播"研究的新视野具有重要意义。最后，综合文献和专题史料的编辑出版。《建党以来重要文献选编（1921—1949）》（中央文献出版社，2011年）辑录中共成立后至新中国成立前的重要文献，其中收入党的创立时期的重要文献72篇、大革命时期的重要文献200余篇，具有极高的史料价值。由中共一大会址纪念馆编的《上海革命史资料与研究》（第2—11辑）、《中共创建史大事记》《中共创建史辞典》以及《中国共产党创建史论著目录（1949.10—2004.12）》等，对深化"早期传播史"研究具有重要意义。

（二）学术研讨交流活动十分活跃

新世纪以来，以纪念活动为契机，大量的学术研讨交流活动得以开展。首先，围绕着早期传播者纪念的学术研讨交流频繁。这些学术研讨交流活动既有全国性的，也有地方性的，还有国际性的。既有围绕着像李大钊、陈独秀、李达、李汉俊、瞿秋白、蔡和森、恽代英、毛泽东、周恩来等"大人物"而开展的学术研讨，也有为杨匏安、袁振英等"小人物"而举行的学术活动。如2006年举行的"纪念杨匏安烈士诞辰110周年研讨会"，对"早期传播"史上享有"北李南杨"美誉的杨匏安传播马克思主义的贡献进行了深入研讨。2009年由中共一大会址纪念馆等单位举办了"纪念袁振英诞辰115周年学术研讨会"。有的学术研讨会更是直接以"早期传播"为研讨主题，如2010年举行的"纪念李达诞辰120周年学术研讨会"，其主题就是"李达与中共创建和马克思主义在中国的传播"。其次，围绕着相关事件纪念而召开的学术研讨会比较活跃。如2000年纪念中国共产党早期组织建立80周年学术研讨会、2001年全国各地纪念中国共产党成立80周年学术研讨活动、2006年中国共产党创建史全国学术研讨会、2009年纪念五四运动90周年学术研讨会、2010年纪念中国共产党早期组织成立90周年学术研讨会、2011年中共创建史学术研讨会以及全国各地举行的纪念中国共产党成立90周年学术研讨活动等。上述学术研讨会入选论文大都结集出版。这些学术活动的开展极大地促进了"早期传播史"研究。

（三）高水平的研究著作不断涌现

十多年来，涌现了一大批高水平的"早期传播史"研究著作。田子渝等著的《马克思主义在中国初期传播史（1918—1922）》（学习出版社，2012）对初期传播史进行了全景式扫描，在许多问题上提出了新的见解，是这一领域的扛鼎之作。彭继红著的《传播与选择：马克思主义中国化的历程（1899—1921）》（湖南师范大学出版社，2001）、郭刚著的《中国早期马克思主义的传播》（人民出版社，2010）、王刚著的《马克思主义中国化的起源语境研究》（人民出版社，2011）、黄进华著的《马克思主义在东北的传播（1900—1931）》（中国社会科学出版社，2012）等著作也直接把"早期传播史"作为研究对象。马连儒著的《风云际会——中国共产党创始录》（中国社会科学出版社，2002）、刘宋斌和姚金果著的《中国共产党创建史》（福建人民出版社，2002）、黄修荣著的《横空出世——中国共产党创建史》（黑龙江教育出版社，2000）等著作从中共创建史的角度对"早期传播史"进行了透视。《中国共产党历史》第一卷（中共党史出版社，2002）在充分吸收上世纪90年代以来党史研究成果的基础上取得重大进展，对"早期传播史"中一些重大事件和人物的评价上，颇多新意。梅荣政主编的《马克思主义中国化史》（中国社会科学出版社，2011）对"早期传播"也着墨颇多。日本学者石川祯浩著的《中国共产党成立史》（中国社会科学出版社，2006），是国外第一部论述中国共产党创建史的专著，其中马克思主义传播方面着力最大。

二、研究的主要内容

新世纪以来，学术界围绕着马克思主义在中国早期传播的主体、媒介、渠道、特点以及马克思主义在中国不同地区的早期传播、《共产党宣言》在中国的早期传播、三次论争与马克思主义在中国的早期传播等问题的研究取得了重大进展。

(一) 关于马克思主义在中国早期传播的主体

"早期传播"的主体主要由三部分群体组成：一是具有初步共产主义思想的知识分子（后来大多成长为马克思主义者）、二是国民党人士（资产阶级革命派）、三是其他知识精英（包括封建地主阶级代表、资产阶级维新派和无政府主义者）。

具有初步共产主义思想的知识分子群体是"早期传播"的主力军。田子渝认为这一群体具有以下三个特点：第一，是传播马克思主义的先锋；第二，均受过良好的教育，具有强烈的爱国意识与国际大视野，不断求新求变，勇于自我否定；第三，几乎都是传媒中人。① 围绕着"李大钊是否是马克思主义中国化的倡导者"这一问题，学者们展开了热烈讨论。张世飞等学者认为，李大钊不仅是在中国传播马克思主义的第一人，也是马克思主义中国化的倡导者。② 全燕黎则持不同意见，他认为李大钊是马克思主义在中国确立阶段的奠基者，但并不是马克思主义在中国确立阶段的完成者，更没有成为马克思主义中国化阶段的开创者。③ 针对学界流行的瞿秋白是"中国传播辩证唯物主义的第一人"的说法，田子渝认为这个说法有悖于历史真实，最主要原因在于：研究者不是在历史语境中审视历史，而是典型的用后来的概念诠释历史、"先入后主"研究范式，应予匡正。④ 比较研究的方法越来越受到学者们的重视。阎颖对五四时期李大钊、陈独秀、李达传播马克思主义进行了比较研究，认为

---

① 参见田子渝：《马克思主义在中国初期传播史（1918—1922）》，学习出版社2012年版，第30—33页。
② 张世飞：《李大钊对马克思主义中国化原则的初步探索》，载《党史研究与教学》，2007年第4期。
③ 全燕黎：《再论李大钊在中国马克思主义发展进程中的历史地位》，载《中共党史研究》，2009年第11期。
④ 田子渝：《马克思主义在中国初期传播史（1918—1922）》，学习出版社2012年版，第162页。

他们传播马克思主义存在着时间先后的不同、所处的地位和作用的不同、对马克思主义接受和理解的程度以及对自己世界观改造的程度的不同。① 赵春荣、张英也对早期马克思主义传播者进行了比较，认为他们既有鲜明的个性特征，同时又有鲜明共性特征。② 此外，杨匏安、袁振英等长期被遗忘的"小人物"也引起了学者们的关注，大大拓展了"早期传播史"的研究广度。

国民党人士（资产阶级革命派）对马克思主义在中国的早期传播作出了重要贡献。王刚认为，资产阶级革命派之所以选择传播马克思主义，是想通过传播马克思主义来补正"三民主义"，以预防未来中国社会出现资本主义的弊病。③ 田子渝等也进行了深入分析，认为国民党人士宣传马克思主义的原因有三：一是从思想体系上讲，国民党人宣传社会主义、马克思主义是为了从中吸收某些思想改造三民主义；二是十月革命的影响；三是与苏俄对国民党的支援有密切关系。④ 就国民党人传播马克思主义的评价问题，学者们提出：要具体问题具体分析，同时要一分为二的看待。李田贵、赵学琳认为，国民党人对社会主义的探索和宣传，对当时和以后中国社会产生了一定的积极影响；同时，由于国民党人不是无产阶级的政治代表，他们对马克思主义的传播必然存在一些不足之处。⑤ 田子渝等对此进行了进一步研究，认为，五四时期，国民党人宣传马克思主义具有重要的历史价值和理论价值，不应因意识形态而否定或忽视。但他们宣传马克思主义的目的与共产党人的传播有本质差

---

① 阎颖：《五四时期李大钊陈独秀李达传播马克思主义之比较》，载《攀登》，2001 年第 4 期。
② 赵春荣、张英：《我国早期马克思主义传播者的思想个性与共性》，载《青岛市委党校学报》，2000 年第 5 期。
③ 王刚：《马克思主义中国化的起源语境研究》，人民出版社 2011 年版，第 129—130 页。
④ 田子渝：《马克思主义在中国初期传播史（1918—1922）》，学习出版社 2012 年版，第 394—395 页。
⑤ 李田贵、赵学琳：《二十年代国民党人对马克思主义的传播》，载《当代世界社会主义问题》，2003 年第 4 期。

异；对马克思主义的认知、宣传的力度则因人而异，并不是处在一个水平线上；就一个人的思想而言也不是一以贯之，而呈现出阶段性。①

学术界认为，一些地主阶级代表人物在19世纪70年代就介绍了普法战争、巴黎公社以及社会主义的有关情况，客观上在中国传播了马克思主义。王刚对此进行了深入考察，指出：由于中西文化的语境不同，在最初的介绍和报道中，主要采取了"音译"、"附会"、"改译"三个办法来处理外来词，可能会包含着不同程度的误读和曲解，但这在当时却对马克思主义在中国的传播产生了重要的影响。②梁启超被人们誉为最早在中国以文字介绍社会主义、介绍马克思的人。王刚从19世纪末20世纪初的国际国内背景、资产阶级改良派的阶级立场、政治动机以及梁启超本人所处的境遇等四个方面进一步分析了梁启超传播马克思主义学说的原因。③欧阳跃峰就无政府主义者对马克思主义的传播作了详细论述。④姚锡长具体分析了江亢虎的社会主义观，认为江亢虎所标榜的社会主义并不是马克思的社会主义，但江亢虎在民国初年有组织、以出版刊物的方式鼓吹社会主义，在客观上起到了介绍社会主义学说的作用。⑤王刚则对无政府主义者介绍马克思主义的目的进行了分析，认为，其目的在于说明无政府主义比马克思主义更为优越，进而说服中国人要以无政府主义为理论指南。⑥

---

① 田子渝：《马克思主义在中国初期传播史（1918—1922）》，学习出版社2012年版，第383页。
② 王刚：《马克思主义中国化的起源语境研究》，人民出版社2011年版，第121页。
③ 王刚：《马克思主义中国化的起源语境研究》，人民出版社2011年版，第127—129页。
④ 欧阳跃峰：《辛亥革命前无政府主义者对马克思主义的"业余宣传"》，载《安徽师范大学学报》（人文社科版），2002年第3期。
⑤ 姚锡长：《江亢虎的社会主义观与社会主义在中国的传播》，载《新乡师范高等专科学校学报》，2004年第4期。
⑥ 王刚：《马克思主义中国化的起源语境研究》，人民出版社2011年版，第145页。

（二）关于马克思主义在中国早期传播的媒介

李军林详细考察了大众传媒在早期马克思主义传播中的地位和作用。指出：辛亥革命时期，中国人民通过大众传播媒介初步了解国际共产主义运动，了解马克思、恩格斯及他们的学说；从俄国十月革命到五四运动，中国先进的知识分子利用大众传播媒介，广泛宣传马克思列宁主义，使马克思主义在中国的影响进一步扩大；中共建党时期，早期马克思主义者通过出版马克思主义著作、利用报刊积极宣传马克思主义，批判各种反马克思主义思潮，使马克思主义成为中国共产党的指导思想。[①] 周爱武从传播学的视野对五四期刊专号进行了研究，认为，五四期刊的"马克思主义研究专号"或"马克思纪念号"在传播马克思主义方面担当了重要角色。"五一纪念号"宣传劳工神圣，唤起了工人的觉悟，促进了工人运动的开展。[②]

中共早期报刊成为学界关注的热点。学者们不仅对报刊个体与"早期传播"的关系进行了考察，更重要的是开始对中共早期报刊从整体上进行把握。就报刊个体而言，学者主要对《新青年》《向导》《共产党》《先驱》《中国青年》《劳动界》等报刊传播马克思主义的贡献、特点等进行了考察。就中共早期报刊整体而言，学者们主要从马克思主义中国化、大众化的角度进行了阐释。刘志靖认为，中共早期报刊为马克思主义中国化提供了理论准备和实践基础，在与非马克思主义、反马克思主义思潮论辩与较量中推进了马克思

---

① 李军林：《大众传媒在早期马克思主义传播中的作用》，载《当代传播》，2007年第5期。
② 周爱武：《现代传播学视野下的五四期刊专号》，载《安徽师范大学学报》（人文社科版），2006年第4期。

主义中国化。① 徐信华重点考察了中共早期报刊对马克思主义大众化的推进，认为，中共早期报刊始终把握中国革命的发展趋势，密切联系工农群众，强调理论阐释的通俗化和生活化，注重实际问题的研究、调查和总结，促进了马克思主义的传播。②

学者们还对五四时期的某些报刊进行了重新审视和评价，提出了一些新的观点。徐方平对《今日》杂志传播马克思主义进行了再评价，指出，要客观公正地来评价《今日》杂志，在承认它存在一些不足的同时，仍应肯定它是一份由热忱于宣传新思想的知识分子创办的、对传播马克思主义做了不少有益工作的进步刊物。③ 杨宏雨、肖妮通过考察新中国成立以来学术界对《星期评论》的评价，认为，应该用"进步"而不是"革命"作为尺度来评价五四时期的刊物。《星期评论》是五四时期的进步期刊，这种进步性主要体现在它对马克思主义和劳工运动的关注上。④ 岳远尊对《东方杂志》传播马克思主义的特点及影响进行了重新审视，认为，《东方杂志》主要从理论层面和实践层面为马克思主义在中国的传播和发展营造了一个话语平台。⑤

（三）关于马克思主义在中国早期传播的渠道

关于马克思主义在中国早期传播的渠道，学界普遍认为主要有三条，即日本、法国和苏俄。但近年来日本学者石川祯浩又提出，

---

① 刘志靖：《中国共产党早期报刊与马克思主义中国化》，载《湘潭大学学报》（哲学社会科学版），2011年第1期。
② 徐信华：《中共早期报刊对马克思主义大众化的推进》，载《党的文献》，2012年第2期。
③ 徐方平：《开启一份被历史尘封的杂志——〈今日〉杂志传播马克思主义的再评价》，载《中共党史研究》，2011年第11期。
④ 杨宏雨、肖妮：《试析新中国成立以来对〈星期评论〉的评价》，载《中共党史研究》，2010年第4期。
⑤ 岳远尊：《〈东方杂志〉传播马克思主义的特点及影响》，载《党的文献》，2011年第3期。

美国也是"早期传播"的重要渠道。主要依据有三：首先，《共产党》月刊、《新青年》的《俄罗斯研究》和李大钊等翻译的苏俄情况、列宁等苏俄领导人的文章与书籍不少来源于美国出版物；其次，1920年9月《新青年》第8卷第1号改版的封面图案，模仿的是美国社会党的党徽；最后，魏金斯基早年曾加入美国社会党，1920年下半年中共早期组织译成中文的有关苏俄出版物是从美国进口的，它们要么是魏金斯基提供，要么是他帮助订购的。田子渝也认同美国是"早期传播"的重要渠道，指出：河上肇称他的马克思主义主要来源于英文本马克思、恩格斯的著作，它们多半来自美国。从河上肇对马克思主义来源的叙述中也可以看出美国渠道的存在。①

日本是中国人最初接受马克思主义的主要渠道。王刚对其原因进行了分析，认为一是中日两国地缘接近，文化交流源远流长；二是日本学习西方比较成功，中国也想通过日本来学习西方的现代文明；三是中国留学生大举东渡的时候，正赶上日本舆论界"差不多可以说是马克思的时代"；四是日本朝野人士为中国留学生教育提供了诸多便利。②石川祯浩专著《中国共产党成立史》在回归历史现场、审慎考证史实方面下了一番苦功，特别是附录《日中社会主义文献翻译对照表》和《中国社会主义书籍简介（1919—1923）》极具历史价值，基本理清五四时期日本社会主义的文章和书籍翻译成中文情况。学者们对苏俄渠道给予了重点关注。梅荣政主编的《马克思主义中国化史》认为，俄国在五四运动之后成为中国输入马克思主义的重要途径，主要体现在四个方面：第一，通过中国留俄人员发回的报道；第二，俄国在华人员对马克思主义的宣传；第三，由欧俄回国的华工带回来的关于俄国的介绍；第四，由共产国际和

---

① 参见田子渝：《马克思主义在中国初期传播史（1918—1922）》，学习出版社2012年版，第102—104页。

② 参见王刚：《马克思主义中国化的起源语境研究》，人民出版社2011年版，第53—55页。

俄国共产党派往中国的帮助中国组建共产党的国际友人带来的马克思主义宣传。① 田子渝等对苏俄渠道作了进一步探讨,认为,苏俄渠道作为一个历史过程,以 1920 年 4 月共产国际代表魏金斯基来华为界可分为前后两个阶段。并对两个阶段各自的特点进行了分析。②

学者们普遍认为,留学生对马克思主义在中国的早期传播作出了重大贡献。吴汉全撰文指出,马克思主义在中国的传播与留学生的努力是密不可分的。十月革命前,留学生是以学生身份在吸取西方文明的过程中而接触到马克思主义的,并通过日本向中国人介绍马克思主义。十月革命后,这些具有留学经历的知识分子成为在中国传播马克思主义的主导力量,并在传播马克思主义过程中形成陈独秀、李大钊、李达等为代表的核心层。③ 刘晶芳认为,五四前中国人了解马克思主义,主要是通过留日知识分子译自日本社会主义者的著作,传播渠道单一;五四后,马克思主义传入中国的途径由一条变为多条,除日本渠道外,又增加了西欧和俄国渠道,而西欧渠道主要是由赴欧勤工俭学的留学生担任媒介。④ 汶生瑞认为,留日、留法群体在传播马克思主义的过程中特别重视对马克思主义经典著作的研读,同时特别注重在实际的运动中和社会组织中发挥表率作用。⑤

(四) 关于马克思主义在中国早期传播的特点

学者们对十月革命前马克思主义在中国传播的特点已基本形成

---

① 参见梅荣政:《马克思主义中国化史》,中国社会科学出版社 2010 年版,第 114—116 页。
② 田子渝:《马克思主义在中国初期传播史 (1918—1922)》,学习出版社 2012 年版,第 96 页。
③ 吴汉全:《留学生与马克思主义在中国的传播》,载《徐州师范大学学报》(哲学社会科学版),2001 年第 1 期。
④ 刘晶芳:《五四运动与马克思主义在中国的传播》,载《史学集刊》,2009 年第 2 期。
⑤ 汶生瑞:《比较研究留日留法群体对马克思主义的传播》,载《福建党史月刊》,2012 年第 2 期。

一致意见。主要有：第一，传播者成分比较复杂，对马克思主义的传播有较大的偶然性、随意性；第二，传播者没有真正理解马克思主义的真谛，对马克思主义的解释有较大的主观性；第三，传播者没有把马克思主义同形形色色的社会主义区分开来，把马克思主义与形形色色的社会主义混为一谈；第四，传播者深受日本社会主义思想的影响，传播的社会主义思想带有很深的日本学者诠释的痕迹。① 张德旺分析了五四时期马克思主义在华传播的突出特点：一是具有符合中国反帝反封建斗争需要的彻底革命性；二是具有科学的开放性；三是具有主体的大众性。②

李军林以拉斯韦尔的"五W"模式作为分析的理论依据，从传播学的视角对马克思主义在中国的早期传播的特点进行了探讨，指出：一是传播者的阶级成分和政治地位的差异很大，传播目的也大相径庭；二是传播内容各有侧重，传播信息有对有错；三是传播渠道单一，广度有限；四是传播对象各有定位，针对性强；五是总体传播效果显著，奠定了建设马克思主义政党之理论基石。③ 张琳从马克思主义中国化的视角分析了马克思主义在中国早期传播的特点，认为，马克思主义在中国早期传播和发展过程中，有三种不利于马克思主义中国化的倾向：一是由"以俄为师"心理定式导致的教条主义倾向；二是由"文化决定论"和"文化对立论"引发的否定一切、简单对立的思维倾向；三是由于"现实的需要"而把"需要的理论"片面化、绝对化的倾向。④ 王刚在考察了中国早期知识精英

---

① 参见梅荣政：《马克思主义中国化史》，中国社会科学出版社2010年版，第86—88页。
② 张德旺：《五四时期马克思主义传播历史特点平议》，载《哈尔滨工业大学学报》（社会科学版），2003年第1期。
③ 李军林：《从"五W"模式看马克思主义在中国早期传播的特点》，载《湖南师范大学社会科学学报》，2007年第1期。
④ 张琳：《马克思主义中国化进程早期若干不利倾向分析》，载《中共中央党校学报》，2001年第4期。

后，得出：选择性传播是马克思主义在中国早期传播的一大特点。①

近年来，比较研究越来越受到学者的重视，出现了一些比较研究方面的力作。齐卫平对五四运动前后马克思主义在中国传播的两个阶段进行了比较研究，指出：从19世纪末马克思主义最初传入中国到五四运动后形成传播热潮，经历了早期译介和广泛传播两个不同的阶段。早期译介阶段仅仅具有资料性的意义，真正的马克思主义传播是以十月革命和五四运动以后为起点的。广泛传播阶段是对早期译介阶段的超越。② 刘晶芳也对五四前后的两个阶段进行了比较，她认为，与五四之前相比，五四之后马克思主义广泛传播的特点有三：一是传播的途径拓宽了；二是传播的阵地扩大了；三是传播的内容丰富深化了。③ 孙大为在比较中俄马克思主义传播异同的基础上，将马克思主义在中国早期传播的特点提炼为：一是传播马克思主义与宣传和介绍十月革命的经验和意义紧密联系在一起；二是宣传无产阶级革命和无产阶级专政成为中心内容；三是传播速度较快但理论成果不足。④

（五）关于马克思主义在中国不同地区的早期传播

对于这个问题，以往学术界主要侧重于对早期马克思主义传播的两个中心——北京、上海两地的研究。新世纪以来，学者们对这一问题研究的广度进一步加大。

东北地区成为学界研究的热点。黄进华的专著《马克思主义在中国东北的传播（1900—1931）》，对20世纪前期马克思主义在东北

---

① 王刚：《马克思主义中国化的起源语境研究》，人民出版社2011年版，第116页。
② 齐卫平：《五四运动前后马克思主义在中国传播的两个阶段比较研究》，载《河南师范大学学报》（哲学社会科学版），2003年第5期。
③ 刘晶芳：《五四运动与马克思主义在中国的传播》，载《史学集刊》，2009年第2期。
④ 孙大为：《中俄马克思主义传播之比较》，载《湖南师范大学社会科学学报》，2007年第1期。

的传播过程进行了一次比较系统的梳理，是这一研究领域的首部专著，具有重要的学术价值。张大庸撰文考察了清末马克思主义在东北的传播，认为东北地区是中国最早接受马列主义的地方。① 王静、郑淑梅从大众传媒的角度梳理了马克思主义东北的早期传播。② 武振凯对马克思主义在辽宁的早期传播进行了分析，提出：大连、沈阳、建平是辽宁地区早期传播马克思主义的主要阵地。③ 郭渊对20世纪初马克思主义在哈尔滨的传播进行了深入探讨。④

田子渝对马克思主义在武汉地区早期传播的特点进行了分析，认为一是长江中下游马克思主义早期传播的重要阵地，二是先进人物是先进思想传播的载体，三是通过交谈和信件来往宣传马克思主义，四是马克思主义与国情的初步结合。⑤ 傅绍昌就辛亥革命后马克思主义在上海的传介作了全面梳理，认为辛亥革命爆发后，上海的社会主义和马克思学说的传介出现了新的势头，不仅资产阶级革命派和《东方杂志》等报刊积极进行宣传介绍，甚至还成立了标榜社会主义的政党。⑥ 刘金如对马克思主义在湖南早期传播的特点进行了分析，认为新民学会在其中起着桥梁和纽带作用，自修大学成为宣传马克思主义的重要阵地。⑦ 孙念超从王尽美的角度探讨了马克思主义在山东的早期传播。⑧

---

① 张大庸：《清末马克思主义在东北的传播》，载《党史纵横》，2006年第9期。
② 王静、郑淑梅：《从大众传媒看马克思主义在东北的早期传播》，载《东北史地》，2009年第4期。
③ 武振凯：《马克思主义在辽宁的早期传播》，载《辽宁社会主义学院学报》，2011年第1期。
④ 郭渊：《20世纪初马克思主义在哈尔滨的传播》，载《黑龙江社会科学》，2007年第5期。
⑤ 田子渝：《武汉地区马克思主义早期传播的若干特点》，载《湖北行政学院学报》，2003年第4期。
⑥ 傅绍昌：《辛亥革命促进了社会主义和马克思学说在上海的传介》，载《上海大学学报》（哲学社会科学版），2001年第6期。
⑦ 刘金如：《五四时期马克思主义在湖南传播的主要特点》，载《中南林业大学学报》（社会科学版），2008年第2期。
⑧ 孙念超：《王尽美与山东早期马克思主义传播》，载《兰台世界》，2012年第1期。

何扬鸣从早期报刊的角度考察了马克思主义在浙江的早期传播。认为,浙江早期报刊传播马克思主义的时间比较早,数量比较多,在全国的影响也比较大。① 刘桂芳从图书馆这一独特视角对马克思主义在天津的早期传播进行了审视,指出:"马氏通讯图书馆"和"天津工人图书馆"是我党早期在天津播撒革命火种,传播马列主义的重要组成阵地。② 邓寿民对在四川最早传播马克思主义的人物进行甄别,认为王右木是马克思主义在四川传播的第一人。③ 凌燕萍考证了最早在贵州传播马克思主义的乡贤。④ 梁严冰对马克思主义在陕北早期传播历史作了尝试性复原。⑤ 张俊国对马克思主义在河南的早期传播进行了探讨。⑥

(六)关于《共产党宣言》在中国的早期传播

与以往侧重于对《共产党宣言》(以下简称《宣言》)在中国的早期传播的史料性介绍不同,新世纪以来,对这一问题的研究深度和水平不断提高。

邱作健对陈望道与《宣言》中文全译本进行了深入探讨。他认为,《宣言》1920年在中国的出版,不是一个偶然的事件,这是中国现代社会各种矛盾冲突激荡,东西方思潮文汇融合的结果,也是历史的必然。⑦ 王东风、李宁从历史语境的角度出发,对陈望道翻译

---

① 何扬鸣:《试论浙江早期传播马克思主义的报刊》,载《浙江大学学报》(社会科学版),2001年第5期。
② 刘桂芳:《天津早期传播马克思主义的图书馆》,载《图书馆工作与研究》,2001年第4期。
③ 邓寿民:《马克思主义在四川传播的第一人——王右木》,载《四川党史》,2001年第3期。
④ 凌燕萍:《最早在贵州传播马列主义的乡贤》,载《贵州文史》,2001年第3期。
⑤ 梁严冰:《马克思主义在陕北的早期传播及其党团组织的建立》,载《延安大学学报》(社会科学版),2007年第3期。
⑥ 张俊国:《中国共产党的成立与马克思主义在河南的早期传播》,载《洛阳师范学院学报》,2002年第1期。
⑦ 中共一大会址纪念馆:《中国共产党创建史研究》,上海人民出版社2012年版,第430页。

的《宣言》的部分段落进行了解读，分析了该译作与其产生的历史背景之间的交互影响。[①]郭燕来从《宣言》早期在各个国家传播历程的视角出发，对《宣言》早期传播特点进行了研究。认为一是话语转换民族化与世界化的辩证统一；二是传播内容时代化、通俗化与简单化、歪曲化的同时并存；三是传播主体成分多样、传播组织由非常规性到常规性的发展；四是在平面媒介中力求传播手段的多样性；五是传播对象针对性、层次性与广泛性相结合。[②]

蒲国良对《宣言》在中国传播史研究中值得关注的问题进行了分析。他认为，《宣言》传播史的研究仍有进一步深化的余地。首先，对《宣言》文本的翻译和解读至今存在一些并非无关宏旨的歧义。其次，对非马克思主义者传播《宣言》的贡献，应该给予更加充分的肯定和高度的评价。再次，对《宣言》译本出版之外的其它的传播方式、传播途径与传播范围的研究也应给予足够的重视。最后，《宣言》早期传播中的一些史实仍需要进一步梳理。[③]

（七）三次论争与马克思主义在中国的早期传播

新世纪以来，学界对三次论争的研究有重大进展，提出了一些新的观点。"问题与主义"之争，长期以来在党史研究中被定性为"中国马克思主义者与反马克思主义者的第一次思想论战"。重新审视这场论争，一些学者认为这一定性并不准确。侯且岸指出，所谓的"问题与主义"的纷争不过是当时进步知识分子内部一次对现代

[①] 王东风、李宁：《译本的历史记忆：陈望道译〈共产党宣言〉解读》，载《中国翻译》，2012年第3期。

[②] 郭燕来：《当代中国马克思主义大众化传播方式新探》，载《江西师范大学学报》（哲学社会科学版），2010年第4期。

[③] 蒲国良：《〈共产党宣言〉在中国传播史研究中的几个问题》，载《湖南师范大学社会科学学报》，2008年第6期。

中国思想发展和中国历史命运的理性讨论。① 沈成飞认为,"问题与主义"之争既有政治色彩,也有学理之辩,且应以学理讨论为主,政治论战次之。这场争辩在很大程度上促进了马克思主义的大众化。②

关于社会主义的论争,学界的认识也有了较大进展。以往的党史著作在评述这场论战时,对张东荪、梁启超的主张完全否定,而对早期马克思主义者对张、梁的批判,则完全肯定。胡绳提出了非常新颖的见解。他认为梁、张对资本主义的认识是符合中国实际,符合中国社会发展要求的。他们的错误在于看不到帝国主义、封建主义是中国发展资本主义的最大障碍,因而反对进行反帝反封建的社会革命和政治革命,主张依靠资本家发展资本主义解决中国问题。早期马克思主义者对资本主义和社会主义的认识存在片面性;但是他们看到资本主义的弊端,揭露了资本主义制度是帝国主义侵略的根源,认识到必须用革命清除帝国主义和封建军阀这两大障碍,才能从根本上解决中国的问题,则是正确的。③

对无政府主义的论战,以往研究定势是无政府主义是反动的思潮,是马克思主义在中国传播的障碍。田子渝等认为,对无政府主义需要放在特定的历史条件下重新加以认识,指出:无政府主义是作为改造社会的进步思潮在晚清传入中国的,是我国一部分革命知识分子从民主主义—空想社会主义—共产主义的桥梁。张琳认为,无政府主义在中国选择马克思主义过程中起到了思想参照和对比的中介作用,在早期马克思主义者的世界观转变过程中起到了过渡作

---

① 侯且岸:《关于"问题与主义"之公案的历史还原》,载《中国特色社会主义研究》,2006年第6期。
② 沈成飞:《对话与大众化:关于中国马克思主义早期传播史认识的一个新视角》,载《教学与研究》,2012年第6期。
③ 刘晶芳、陈述:《二〇〇一年中共党史研究综述》,载《中共党史研究》,2002年第3期。

用。看不到这点,就不能深入地理解早期马克思主义者的思想转变过程,就不能很好地揭示中国选择马克思主义的思想基础和深层原因。[①]

三、几点思考

新世纪以来,"早期传播"研究已取得了长足的进展,这一点必须充分肯定。但同时我们也应当看到研究中仍然存在一些不容忽视的问题,需要认真对待,加以解决。

(一)进一步加强国内外学者研究成果的相互交流

"早期传播"史始终是国内学术界研究的一个重点,也是国外中国近现代史研究学者关注的热点。国外学者的有关学术论文、论著,虽然由于作者的立场、观点和某些资料的限制,难免存在这样那样的局限性,但也不乏真知灼见。因此,应该一方面适当地选择一些有学术价值、有影响的国外研究著述加以翻译、介绍和评论;另一方面将国内的相关研究成果翻译介绍到国外,以加强"早期传播"史研究中的国际学术交流。这对于深化该问题的研究十分必要。近年来,国内史学和理论工作者及有关部门已做了一些工作,并取得了一定成绩,但还很不够。

(二)进一步借鉴其他学科的研究理论和方法

总的来看,国内关于"早期传播"的研究存在着选题重复、重述轻论的不足,对一些问题的研究往往局限于马克思主义理论、中共党史学科的框架内。因此,应拓宽"早期传播"的研究视域,综

[①] 张琳:《马克思主义在中国早期传播的思想土壤》,载《科学社会主义》,2009年第2期。

合运用新闻学、传播学、文化学、心理学、社会学、语言学等学科的有关理论和方法，加强对"早期传播"的宏观与微观、综合与具体问题的研究，使"早期传播"不断向广度和深度发展。

（三）进一步深化"早期传播"相关问题的研究

首先，要进一步深化对"早期传播"中的"小人物"或"二线人物"的研究，对有关人物在"早期传播"中的地位与作用给予实事求是的评价。其次，要进一步深化对早期传媒的研究，对某些报刊在"早期传播"中的地位与作用进行重新审视和评价，对早期传媒视域下马克思主义的传播路径进行详细考察，以推进当代中国马克思主义大众化。再次，要进一步深化比较研究，考察不同主体、不同媒介、不同地区、不同渠道、不同阶段传播马克思主义的异同，努力探求马克思主义在中国早期的传播规律。

后 记

自 2002 年硕士毕业进入山东财经大学（原山东财政学院）后，我一直把从事马克思主义中国化、党史党建方面的教学与研究，陆续在《马克思主义研究》《马克思主义与现实》《当代世界与社会主义》《教学与研究》《科学社会主义》《社会主义研究》《思想理论教育导刊》等核心期刊发表论文 50 余篇。本书节选了近 10 年发表的 21 篇论文，部分论文作了补充和完善。

本书主要分四个专题。专题一为中共报刊与马克思主义中国化，主要涉及新民主主义革命时期的中共报刊与马克思主义的传播、对马克思主义中国化的推动等内容；专题二为中共纪念活动与马克思主义中国化，主要涉及中共早期纪念活动、新时期中共纪念活动与马克思主义中国历史进程的关系等内容；专题三为执政党理论与实践，主要涉及"一把手"监督、全面增强执政本领、国外执政党建设经验与教训、政权稳定、党的建设质量等内容；专题四为马克思主义中国化研究述评，主要涉及学科、传播史、"四个全面"战略布局、新发展理念以及党内法规制度建设等内容。

现在读来，有的文章无论是观点还是资料运用上还不够成熟，但是却真实地记录了我个人成长的足迹。诚恳希望各位方家批评指正！

赵付科

2018 年 7 月